名师名校名校长

凝聚名师共识
回应名师关怀
打造名师品牌
培育名师群体

虞关寿

著

从

惊讶

到

思考

哈尔滨出版社

H.P.H

HARBIN PUBLISHING HOUSE

图书在版编目（CIP）数据

从惊讶到思考 / 虞关寿著 . —哈尔滨：哈尔滨出版社，2023.11
ISBN 978-7-5484-7670-2

Ⅰ.①从…　Ⅱ.①虞…　Ⅲ.①中学物理课—教学研究—初中　Ⅳ.①G633.72

中国国家版本馆CIP数据核字（2023）第245824号

书　　名：从惊讶到思考
CONG JINGYA DAO SIKAO

作　　者：虞关寿　著
责任编辑：孙　迪
封面设计：李　娜

出版发行：哈尔滨出版社（Harbin Publishing House）
社　　址：哈尔滨市香坊区泰山路82-9号　　邮编：150090
经　　销：全国新华书店
印　　刷：北京政采印刷服务有限公司
网　　址：www.hrbcbs.com
E-mail：hrbcbs@yeah.net
编辑版权热线：（0451）87900271　87900272
销售热线：（0451）87900202　87900203

开　　本：787mm×1092mm　　1/16　　印张：14.5　　字数：210千字
版　　次：2023年11月第1版
印　　次：2023年11月第1次印刷
书　　号：ISBN 978-7-5484-7670-2
定　　价：58.00元

凡购本社图书发现印装错误，请与本社印制部联系调换。
服务热线：（0451）87900279

一、本书的目的

在开始本书之前，我们先来看一道简单的数学题：某人在河中游泳，逆流而上，途中不慎将水壶遗落。水壶随河水漂流而下，过了 A 分钟，这个人发现水壶丢失，立刻回游追赶，他回游多少分钟可追上水壶？

此题若用数学解法，则是：

解：设河水的速度为 V_1，人在静水中游泳的速度为 V，人追及水壶所用时间为 T。根据题意：

人发现丢失水壶时，离开水壶的距离为：$(V - V_1)A + V_1A$；

人追及水壶所用时间为：$T = [(V - V_1)A + V_1A]/[(V + V_1) - V_1] = A$。

此题若用物理解法，则更为简单：

解：选取河水、水壶为参照物，则人离开水壶的时间是 A 分钟，那么人再追到水壶的时间肯定也是 A 分钟。

看完解答，你是否发现此题用物理解法比用数学解法要简单得多？实际上对一些用常规解法来解相当烦琐的数学问题，如果运用物理知识来解则能快捷地解出，这可起到出奇制胜的效果。

科学发展史表明，数学和物理自诞生起就相互渗透、共同发展：复数的加减法的几何意义和力的合成与分解如出一辙；正弦曲线与弹簧振子的位移图像；二次函数的图像抛物线来源于物理中抛射体的运动；物理中的钟摆又叫数学摆；导数与速度、加速度的性质……既然物理与数学有着如

1

此深的渊源，那么用数学方法解决物理问题也就是理所当然的。但反过来，用物理方法解数学问题却往往不太受人们重视。其实大数学家庞加莱曾说过："物理学不仅给数学工作者一个解题机会，也帮助我们发现解题的方法。其方式有二：它引导我们预测解答及提示合适的论证方法。"

用物理方法解数学问题，就是将数学问题与物理原理相类比，从而建立求解数学问题的物理模型，然后运用物理学原理进行推理，使数学问题得以解决。早在两千多年以前，古希腊学者阿基米德就已进行了开拓性的研究：他曾用物理中力学的平衡定律解一些几何问题。近代的物理学，不仅为某些数学命题的证明提出了明确的思路和简单的办法，甚至为数学提供了新的思想和方向，从而产生新的数学分支。例如，微积分的产生，力学就起了决定性的作用。

这样，我们有必要回顾、总结一下中学数学中那些可用物理方法来解决的问题，这不仅可以开阔我们的眼界，丰富我们解决数学问题的手段，同时使我们对于某些物理现象（原理、定律等）有进一步的了解和认识。这对数学和物理的学习都是有益的。

二、本书的特点

1. 在中学阶段学习数学和物理应该是相辅相成、相互促进的，本书完全符合这点。本书用不同物理知识在数学中的应用来划分章节，共分为十章。其中九、十两章属于知识补充型章节。

2. 本书列举用物理方法解决数学问题，思路清晰、方法简便、易于掌握，并且对某些经典内容补充了背景材料。

3. 学习始于疑问。在本书中，我们通过适当的、具有代表性的"问题"，引出需要学习的物理方法，然后在每个问题后给出相应的例题，引导学生发现问题、提出问题，通过亲身实践、主动思考，经历不断从抽象到具体、从特殊到一般的抽象概括活动来理解和掌握相应的物理方法。

4. 学而不思则罔。在本书中，我们将利用物理知识间的内在联系，特别是蕴含在数学问题中的物理思想方法，启发和引导学生思考、研究数学问题。

5. 学习的目的在于应用。在本书中，我们将努力为学生提供应用物理方法解决数学问题的机会，以使学生加深对物理思维方法的理解和掌握，认识数学与物理的联系，并学会用物理方法解一些数学问题。

6. 本书在每节后提供了配套的练习，并给出了答案。

7. 本书中的不少问题对综合性能力、联系能力、构造能力、创新能力等数学能力要求较高，需要我们做有心人，善于探索、勇于创新。

三、本书的作用

授人以鱼，只供一饭之需；授人以渔，则一生受用无穷。

1. 用物理方法解数学题，一方面可以让学生交叉运用所学的知识，提高学生的应用能力；另一方面，通过构造物理模型，可以提高学生的类比能力和创造能力，拓宽学生的数学解题思路。

2. 对有些数学问题而言，其物理解法还是相当简便的，这有助于激发学生研究数学问题的兴趣，激励每一个学生参与到问题解决的活动中去。新颖而独特的解法使每个学生都可以从事自己喜欢的探索。

3. "运用之妙，存乎一心。"在平常注意寻找各学科之间的结合点，巧妙运用跨学科的解题思维方式，有利于培养学生创造性思维和知识迁移能力，加深学生对数学实质的理解。

四、本书的使用

1. 使用者首先要注意到本书不是一般性读物，它是"孵化剂"，助您孕育思想，它是"催化剂"，让您深化思考。所以，要注意捕捉您的灵感，记下您的念头，这很可能是您进一步探索的起点。

2. 本书中的问题解答不是终结性的。实际上，很多数学问题的解法可能没有最好，只有更好。同样，本书中的问题是您提出新问题的"触发器"，您的深入思考就为更好的问题、更好的答案的出现带来机会，把握住这个机会吧！

3. 值得说明的是，本书中不少数学问题的物理解法都比其他纯数学解法简单得多。可见，用物理方法解决数学问题应引起人们的高度重视，值得进一步研究。

在本书中，我们介绍了一些用物理原理解数学问题的方法。显然，在对数学问题的探索中，如果不讨论物理研究和借助物理解释，那么我们对数学问题的观点很可能会受到某种限制。如果数学工作能够不断从物理学中汲取灵感和创造性，那么也会使数学本身焕发新意。

要想用如此篇幅去谈论"数学解题的物理方法"是困难的，本书无非是想为抽象的数学找出一些并不抽象的诠释方法，从而更好地帮助学生理解。当然，这些方法中，有一部分不能算是严格论证，充其量只是一种巧妙的说明或核验。但它或多或少给我们某些提示与启迪，使我们在日常生活与生产实践中有捷径可走，何乐而不为？这正是本书撰写的初衷，希望能起到抛砖引玉的作用。

目 录

第一章

电学原理
在数学中的应用

我们常说，数学是物理的基础。这是说解决物理问题，常常要借助数学知识。而实际上，如果我们能恰当地借助物理知识来解决数学问题，也会收到很好的效果。

第一节　电路及其应用

在命题逻辑和逻辑代数中，德·摩根定律是关于命题逻辑规律的一对法则。奥古斯都·德·摩根首先发现了在命题逻辑中存在着下面这些关系：

非 $(P$ 且 $Q) = ($非 $P)$ 或 $($非 $Q)$；非 $(P$ 或 $Q) = ($非 $P)$ 且 $($非 $Q)$

德·摩根定律在数理逻辑的定理推演中，在计算机的逻辑设计中以及数学的集合运算中都起着重要的作用。下面我们用电路图来证明这个重要定理。

问题　证明德·摩根定律：$\complement_U(A \cap B) = \complement_U A \cup \complement_U B$；$\complement_U(A \cup B) = \complement_U A \cap \complement_U B$。

分析　德·摩根定律是集合论里一个非常重要的定律，特别是在随机事件的概率计算中，可以起到"事半功倍"的作用，但它的直观图示不太好懂，若构思两个直流电路图来辅助理解，则既直观又浅显易懂。

证　如图 1 - 1 - 1 所示，用 A 既表示用电器 A 正常工作，又表示随机事件 A 发生，用 B 表示用电器 B 正常工作，又表示随机事件 B 发生，则 $A \cap B$ 表示串联电路通电，$\complement_U(A \cap B)$ 表示串联电路断电，它等价于 A 断电或 B 断电，即 $\complement_U A \cup_U B$ 发生。所以 $\complement_U(A \cap B) = \complement_U A \cup \complement_U B$。

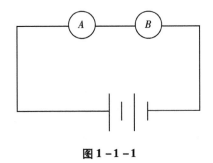

图 1 - 1 - 1

同理，如图 1 - 1 - 2 所示，$A \cup B$ 表示并联电路通电，$\complement_U(A \cup B)$ 表示并联电路断电，它等价于 A 断电，且同时 B 断电，即 $\complement_U A \cap \complement_U B$ 发生。

所以 $\complement_U(A \cup B) = \complement_U A \cap \complement_U B$。证毕。

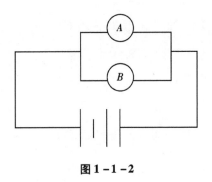

图 1 - 1 - 2

应用电路思想，除了可以证明德·摩根定律，还可以解决排列组合问题。排列组合中有分类计数原理和分步计数原理。如果把这两个原理分别理解成电路中的并联和串联，并用此思想解答下列类型的概率问题，显得特别方便快捷。

例 1（并联电路） 甲、乙、丙三人独立地破译一个密码，他们能译出的概率分别为 $\frac{1}{5}$，$\frac{1}{3}$，$\frac{1}{4}$，则三人合作能译出此密码的概率为多少？

解 三人破译密码，是相互独立而不互斥的事件，可以看成是并联问题，只要其中有一人或多人译出密码，问题即解决，故三人合作能译出此

密码的概率为

$$P(A \cup B \cup C) = 1 - P(\overline{A \cup B \cup C}) = 1 - P(\overline{A}\,\overline{B}\,\overline{C})$$

$$= 1 - P(\overline{A}) \cdot P(\overline{B}) \cdot P(\overline{C})$$

$$= 1 - \left(1 - \frac{1}{5}\right)\left(1 - \frac{1}{3}\right)\left(1 - \frac{1}{4}\right) = \frac{3}{5}。$$

例2（串联电路）　在一段线路中串联着三个自动控制的常用开关，只要其中一个开关断开，线路就终止工作。假设在某段时间内每个开关能够闭合的概率都是0.9，计算在这段时间内线路不能正常工作的概率。

解　三个开关各自控制着相互独立事件，线路只有全部闭合才能正常工作，属于串联问题，故所求概率为

$$1 - P(ABC) = 1 - P(A) \cdot P(B) \cdot P(C)$$

$$= 1 - 0.9 \cdot 0.9 \cdot 0.9$$

$$= 0.271。$$

例3（混联电路）　如图$1-1-3$所示，K_1, K_2, K_3表示继电器接点，在某段时间内每个开关能够闭合的概率都是p，计算在这段时间内线路能正常工作的概率。

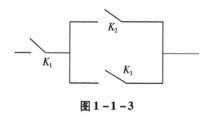

图$1-1-3$

解　三个开关自动控制是独立事件，故所求概率为

$$P[K_1 \cdot (K_2 \cup K_3)] = P(K_1) \cdot P(K_2 \cup K_3) = p[1 - P(\overline{K_2 \cup K_3})]$$

$$= p[1 - P(\overline{K_2}\,\overline{K_3})] = p[1 - (1-p)(1-p)]$$

$$= p^2(2-p)。$$

课后习题

求函数 $y = \dfrac{x^2}{R_1} + \dfrac{(U-x)^2}{R_2}$ 的最小值。

📖 阅读与思考

德·摩根与德·摩根定律

德·摩根（1806—1871），19 世纪英国数学家、逻辑学家。生于印度，出生后刚 7 个月就回到英国，卒于伦敦。

德·摩根的母亲是英国教会的活跃分子，希望儿子成为牧师。而他的中学老师——毕业于牛津大学奥里尔学院的 Mr Parsons，是个擅长古典文学多于数学的人。可是德·摩根不受这些长辈的影响。他在少年时代就对数学产生浓厚的兴趣，1823 年考入剑桥大学三一学院，1827 年毕业。1828 年后在伦敦大学学院任数学教授多年。他曾任伦敦数学学会第一届会长。

图 1-1-4

德·摩根为 19 世纪数学的发展做出了重要贡献。他于 1838 年提出以"数学归纳法"的概念描述以往数学家们曾经使用的证明定理的方法。1842 年，他发表了《微积分演算》一文，详尽讨论微积分基本原理和极限定义，并讨论了无穷序列，确定了序列收敛的新规则。他曾从事当时被称为"形式代数"的研究，其成果有助于对复数的性质给出完全的几何解释。

德·摩根的主要成就在逻辑方面，主要逻辑著作是《形式逻辑》（1847）。他在逻辑史上首先提出"论域"的概念，第一次明确用公式表达合取和析取的关系，现代逻辑称为德·摩根律。他还最先提出了关于"大多数"的推理，例如，"在特定的一群人中，大多数人有大衣，大多数人有马甲，所以有的人既有大衣又有马甲"，等等。他对逻辑的最主要贡献在于开拓了形式逻辑的新领域，建立了关系逻辑，有的学者称他为"关系逻辑之父"。他对关系的种类和性质做了研究，并使用了一些他自己创造的符号。

德·摩根定律是属于逻辑学的定律。德·摩根定律是形式逻辑中有关否定所描述的系统方式中的逻辑运算符对偶对的一系列法则。由此引出的关系也就被称为"德·摩根二重性"。现在凭借我们的直觉想一下，假定当且仅当"现在正在下雨"时命题 P 成立，当且仅当"你穿着一件雨衣"时命题 Q 成立。若你从不在没有穿上雨衣的情况下出去淋雨，那就不可能证明 P 是真命题，而 Q 是假命题。因此，下面的式子就该是正确的：非（P 且（非 Q））。从另一方面说，这层含义也可以用下面任意一句话表达：因为没有下雨，所以你不必在意是否穿着雨衣。因为你身穿一件雨衣，所以你不必在意是否在下雨。同样，我们可以用以下符号表示这个含义：（非 P）或 Q。德·摩根定律中的一条就向我们揭示了，这两者是相等的。

第二节 基尔霍夫定律及其应用

所谓完美矩形，是指用边长不等但又是整数的小正方形所组成的矩形。例如，边长分别为 2，8，14，16，18，20，28，30，36 的九个正方形可拼成一个 66×64 的矩形。读者或许会感到困惑：①上述例子中的数字怎么来的？②其拼法又是怎样找到的？它是否唯一？

令人想不到的是，完美矩形问题竟与电学中的"基尔霍夫定律"有着奇特、简单和有趣的联系。

为了介绍寻求完美矩形的方法，我们先来叙述"基尔霍夫定律"：

基尔霍夫第一定律：在一个电路里，会合在每一个节点的电流强度的代数和为零。

基尔霍夫第二定律：在各导线电阻相等（都等于单位电阻）的电网中，绕每个闭合回路的电流强度的代数和为零。

完美矩形与电路中电流有如下关系：

如果我们用 n 条具有单位电阻的导线构成一个有若干闭合回路的电路网络，当算出各条导线上相应的电流强度时，它们的值就是构成完美矩形所必需的 n 个正方形的边长。

话句话说：组成一个完美矩形所必需的全部 n 个正方形的边长，相当于由 n 条导线按一定形式构成的电路网络中按基尔霍夫定律分配于各导线上的电流数。

这个结论的证明较为复杂，这里省略不证。下面我们利用上面的结论来解本节开头的例子。

问题　试用9个大小不等的正方形填满边长为 66×64 的长方形，使之不留空缺也不重复。

解　首先，建立物理模型如下：把9个大小不等的正方形不空不重复地填到已知长方形内看成9个电阻组成的网络，每个电阻的阻值均为 1Ω，总电流 $I = 66A$，每个电阻通过的电流数即为每个小正方形的边长，如图 $1-2-1$ 所示。

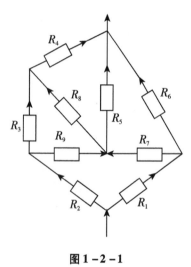

图 $1-2-1$

其次，进行物理推导。设流经 R_i 的电流为 $I_i (1 \leqslant i \leqslant 9)$，其方向如图 $1-2-1$ 所示。于是有

$$\begin{cases} I_1 = I_6 + I_7 \\ I_2 = I_3 + I_9 \\ I_4 = I_3 + I_8 \\ I_1 + I_2 = 66 \\ I_4 + I_5 + I_6 = 66 \end{cases} \quad (1)$$

再由基尔霍夫第二定律，有

$$
\begin{cases}
-I_3 + I_8 + I_9 = 0 \\
I_4 - I_5 + I_8 = 0 \\
-I_5 + I_6 - I_7 = 0 \\
I_2 + I_3 + I_4 - I_1 - I_6 = 0
\end{cases} \tag{2}
$$

由式（1），式（2）联立解得：$I_1 = 36$，$I_2 = 30$，$I_3 = 16$，$I_4 = 18$，$I_5 = 20$，$I_6 = 28$，$I_7 = 8$，$I_8 = 2$，$I_9 = 14$。

如何用它们去拼一个矩形？电路上的电流分配给了我们一把解答的钥匙：电路网络上的每一个节点相当于这些正方形的下面一条水平方向的边，这些边长恰好为该分支点流出电流的强度。

如 $I_1 = 36$ 表示，先放好边长为 36 的正方形，靠着它的上边放边长 $I_7 = 8$，$I_6 = 28$ 的两个正方形（图 1 - 2 - 2）。

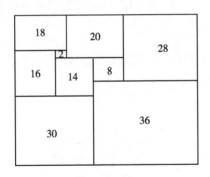

图 1 - 2 - 2

和边长 $I_1 = 36$ 的正方形下边对齐并排放的正方形边长 $I_2 = 30$，而靠着它的上面的正方形是边长 $I_3 = 16$ 和 $I_9 = 14$ 的两个。I_5 和 I_8 由 I_7 和 I_9 流出，所以边长为 2 和 20 的正方形在边长为 14 和 8 的正方形上面，再把边长为 18 的正方形放在左上方的位置上，完美矩形便拼成了，如图 1 - 2 - 2 所示（数字表示该正方形的边长）。

完美矩形的存在，诱发人们去寻找完美正方形。这个问题最早由数学家莫伦提出。1930 年，苏联著名数学家鲁金 H. H 也研究过这个问题，他猜测不存在完美正方形。1939 年，德国人斯普格拉成功构造了一个 55 阶的完美正方形，它的边长为 4025。之后几十年，阶数更小的完美正方形不断被构造出来。直到 1978 年，威尔科克斯所构造的 24 阶完美正方形一直保持着阶数最低的世界纪录，当时人们已构造出 2000 多个 24 阶以上的完美正方形。

人们一方面着手改进完美正方形的构造方法，一方面利用大型电子计算机去寻找新的完美正方形，这使得完美正方形的研究取得了长足的进展。1978 年，荷兰温特技术大学的杜伊维斯廷借助大型电子计算机，在改进构造方法的基础上，终于造出了一个 21 阶的完美正方形。同时他还证明了：低于 21 阶的完美正方形不存在。

课后习题

1. 分别以 1，4，7，8，9，10，14，15，18 为边长，剪 9 个正方形，试问：能否把它们拼成一个矩形？

2. 试由图 1 - 2 - 3 所示的电路网络，给出一个 10 阶（矩形被分割成的正方形的个数）的完美矩形。

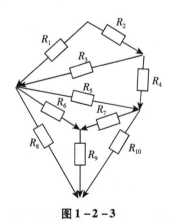

图 1 - 2 - 3

📖 **阅读与思考**

古斯塔夫·罗伯特·基尔霍夫

古斯塔夫·罗伯特·基尔霍夫（1824—1887），德国物理学家。

1824 年 3 月 12 日生于普鲁士的柯尼斯堡（今为俄罗斯加里宁格勒），1887 年 10 月 17 日卒于柏林。基尔霍夫在柯尼斯堡大学读物理，1847 年毕业后到柏林大学任教，3 年后到布雷斯劳做临时教授。1854 年由化学家本生推荐任海德堡大学教授。1875 年到柏林大学做理论物理教授，直到逝世。1845 年，21 岁的基尔霍夫发表了第一篇论文，提出了稳恒电路网络中电流、电压、电阻关系的两条电路定律，即著名的基尔霍夫电流定律（KCL）和基尔霍夫电压定律（KVL），解决

图 1 - 2 - 4

了电器设计中电路方面的难题。后来，他又研究了电路中电的流动和分布，从而阐明了电路中两点间的电势差和静电学的电势这两个物理量在量纲和单位上的一致，使基尔霍夫电路定律具有更广泛的意义。直到现在，基尔霍夫电路定律仍旧是解决复杂电路问题的重要工具。基尔霍夫被称为"电路求解大师"。

1859 年，基尔霍夫做了用灯焰烧灼食盐的实验。他在对这一实验现象的研究过程中，得出了关于热辐射的定律这一定律后被称为基尔霍夫定律：基尔霍夫根据热平衡理论导出：任何物体对电磁辐射的发射本领和吸收本领的比值与物体特性无关，是波长和温度的普适函数，即与吸收系数成正比。他由此判断：太阳光谱的暗线是太阳大气中元素吸收的结果。这

给太阳和恒星成分分析提供了一种重要的方法，天体物理由于应用光谱分析方法而进入了新阶段。

1862 年，他又进一步得出绝对黑体的概念。他的热辐射定律和绝对黑体概念是开辟 20 世纪物理学新纪元的关键之一。1900 年，普朗克的量子论就发轫于此。

基尔霍夫给出了惠更斯 – 菲涅耳原理的更严格的数学形式，对德国的理论物理学的发展有重大影响，著有《数学物理学讲义》4 卷。

身为物理学家，基尔霍夫在化学上也颇有建树。在海德堡大学期间，基尔霍夫制成光谱仪，与化学家本生合作创立了光谱化学分析法（把各种元素放在灯上烧灼，发出波长一定的明线光谱，由此可以极灵敏地判断这种元素的存在），从而发现了元素铯和铷。科学家利用光谱化学分析法，还发现了铊、碘等许多种元素。

第三节 电磁场及其应用

问题 求证：$\tan\dfrac{\alpha}{2} = \dfrac{1-\cos\alpha}{\sin\alpha}$。

分析 该命题用纯三角公式不难证得。现采用物理学方法解决，先设计一个物理问题：如图 1-3-1 所示，在匀强电场 E 中，一质量为 m，带电量为 q 的小球，用一长为 L 的绝缘细线系住，将细线拉至水平无初速度释放，当细线摆至与水平成 α 角时球静止。小球最大速率的位置应在 α 角的平分线上。

证 小球从开始运动到静止，由动能定理得

$EqL(1-\cos\alpha) - mgL\sin\alpha = 0$

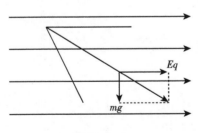

图 1-3-1

即 $\dfrac{mg}{Eq} = \dfrac{(1-\cos\alpha)}{\sin\alpha}$。

根据对称性可知，小球最大速率的位置应在 α 角的平分线上，故

$$\tan\frac{\alpha}{2} = \frac{mg}{Eq} = \frac{(1-\cos\alpha)}{\sin\alpha},\ 即\ \tan\frac{\alpha}{2} = \frac{1-\cos\alpha}{\sin\alpha}\ 。\ 证毕。$$

下面我们用电磁感应来证明一个不等式。

例1 证明当 $A > B > C > 0$ 时，$\left(\dfrac{A+B}{A-B}\right)^{C} > \left(\dfrac{A+C}{A-C}\right)^{B}$。

证 如图 1 – 3 – 2 所示，一载流长直导线，旁边有一矩形线圈 $ABCD$，边长 $AB = a$，$BC = b$，$a > b$，当线圈从竖直位置转到横向位置时，线圈中心到长直导线的距离 s 保持不变。

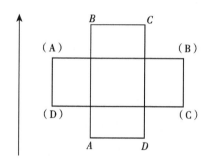

图 1 – 3 – 2

可求得线圈在竖直位置和横向位置时的磁通量分别为

$$\Phi_1 = \int B a\, dx = \int_{s-\frac{b}{2}}^{s+\frac{b}{2}} \frac{\mu_0 I}{2\pi x} a\, dx = \frac{\mu_0 I a}{2\pi}\ln\frac{s+\frac{b}{2}}{s-\frac{b}{2}},$$

$$\Phi_2 = \int B b\, dx = \int_{s-\frac{a}{2}}^{s+\frac{a}{2}} \frac{\mu_0 I}{2\pi x} b\, dx = \frac{\mu_0 I b}{2\pi}\ln\frac{s+\frac{a}{2}}{s-\frac{a}{2}}\ 。$$

易知 $\Phi_2 > \Phi_1$，

于是
$$\ln\left(\frac{s+\frac{a}{2}}{s-\frac{a}{2}}\right)^{\frac{b}{2}} > \ln\left(\frac{s+\frac{b}{2}}{s-\frac{b}{2}}\right)^{\frac{a}{2}}$$

令　　　　　　　　$s = A$, $\dfrac{a}{2} = B$, $\dfrac{b}{2} = C$

则　　　　　　　　$\left(\dfrac{A + B}{A - B} \right)^{C} > \left(\dfrac{A + C}{A - C} \right)^{B}$, $A > B > C > 0$ 。证毕。

这样，就从物理上得到一个不等式。但是，要从数学上对此不等式给予证明，就不是那么简单、容易的了。

下面再来看一个例子。

例2　求函数 $y = \dfrac{kq}{x^2} + \dfrac{kq}{(2l - x)^2}$, $(0 < x < 2l)$ 的最小值。

解　如图 $1 - 3 - 3$ 所示，在空间有两个相距为 $2l$ ，带异种电荷，电荷量都为 q 的点电荷。

连接两个电荷，在两个电荷连线上距正电荷的距离为 x 处的电场强度是

$$E_x = \frac{kq}{x^2} + \frac{kq}{(2l - x)^2}$$

从图 $1 - 3 - 3$ 可知，两个电荷连线的中点 O ，电场线最疏，电场强度最小。设 O 点的电场强度为 E_0 ，则 $E_0 = \dfrac{kq}{l^2} + \dfrac{kq}{l^2} = \dfrac{2kq}{l^2}$ 。

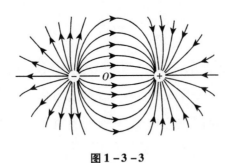

图 $1 - 3 - 3$

显然， E_0 就是函数 E_x 的最小值，即 $E_{x最小} = E_0 = \dfrac{2kq}{l^2}$ 。

从数学角度看，要求这个函数的最小值，可通过一阶导数求出函数的极值点，但还要确定它确实存在最小值，即要确定函数的二阶导数大于

零；但从物理角度看，这个函数只存在一个最小值。从某种意义上讲，只要这个函数的建立来自自然的真实情景，并存在一个最小值，我们就可以用物理方法求出这个最小值。

课后习题

1. 一间房屋的屋顶有如图 1 - 3 - 4 所示的三种不同的盖法：①单向倾斜；②双向倾斜；③四向倾斜。记三种盖法屋顶面积分别为 p_1，p_2，p_3，若屋顶斜面与水平面所成的角都是 α，则（　　）

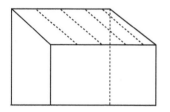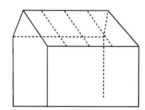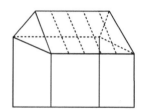

图 1 - 3 - 4

A. $p_3 > p_2 > p_1$

B. $p_3 > p_2 = p_1$

C. $p_3 = p_2 > p_1$

D. $p_3 = p_2 = p_1$

2. 如图 1 - 3 - 5 所示，一个封闭的正立方体，它的六个表面分别标有 a，b，c，d，e，f 这六个字母中的一个，现有下面三个不同放置方式，所见表面上的字母已标明，则字母 a，b，c 对面的字母分别是（　　）

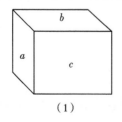

（1）

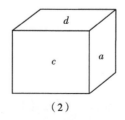

（2）

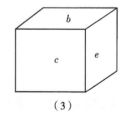

（3）

图 1 - 3 - 5

A. d, e, f

B. f, d, e

C. e, f, d

D. e, d, f

3. 已知函数 $y = k\sin ax$，求 $\left[0, \dfrac{\pi}{a}\right]$ 区间上的曲线与 x 轴围成的图形的面积 S。

📖 阅读与思考

非平行板电容器和半球电容器的启示

边长为 a 的正方形平行板电容器，二极板间有一微小夹角（图 1 - 3 - 6），证明其电容为

$$C = \frac{\varepsilon_0 a^2}{d}\left(1 - \frac{a\theta}{2d}\right)。$$

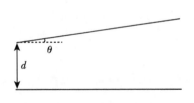

图 1 - 3 - 6

要证明上面的等式，需要用到复杂的数学，这就构成了一道数学难题。但是，我们可以用能量的概念，巧证上面的等式。

假定有一平行板电容器，两板间距为 d_0，板面积为 a^2，其电容为

$$C_0 = \frac{\varepsilon_0 a^2}{d_0}。$$

设想这个电容器上板为一通过板中心的线所悬挂着（图 1 - 3 - 7），给两板以等量而反号的电荷 $+Q$ 与 $-Q$，使上板沿逆时针方向转过一个很小

的角度 θ，所作的功可以略去不计。此后，由于电容器两板左边静电吸引力大于右边吸引力，上板将继续沿逆时针方向转动，这样便消耗了电容器的能量。按电容器能量的公式

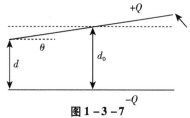

图 1 – 3 – 7

$W = \dfrac{Q^2}{2C}$，我们便得到 $C \geqslant C_0$。

当 θ 很小时，即有 $C = C_0 = \dfrac{\varepsilon_0 a^2}{d_0}$。

设电容器两板左端的间距为 d，则

$$d_0 = d + \frac{a}{2}\theta。$$

于是 $C = \dfrac{\varepsilon_0 a^2}{d(1 + \dfrac{a\theta}{2d})} = \dfrac{\varepsilon_0 a^2}{d}(1 - \dfrac{a\theta}{2d})$。

我们这个使用能量概念的简单解法，包括 $C \geqslant C_0$ 的论断，与使用较复杂的数学微积分计算的结果是一致的。

又如，半径为 R 的半球导体，要在数学上计算它的电容是比较困难的，有人认为它的电容 $C = 2\pi\varepsilon_0\varepsilon_r R$。但是，利用能量的概念，我们知道，这是不正确的，而且能够给出 $2\pi\varepsilon_0\varepsilon_r R < C < 4\pi\varepsilon_0\varepsilon_r R$。

这样，就从能量的观点初步大略地解决这个数学难题。

上面是定性讨论，我们还可进一步给出一个半定量的讨论。如图 1 – 3 – 8 所示，设想将一导体球（半径为 R，带电 Q）切为两半，并分开一微小距离，二半球相互斥力 F 可计算出来。

面电荷密度为 σ ，表明 dS 所受电

场力为

$$dF = \frac{\sigma^2}{2\varepsilon_0}dS \text{ 。}$$

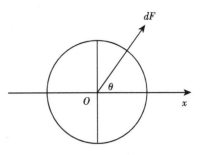

故 $F = \int dF_x = \int \cos\theta dF =$

$$\int_0^{\frac{\pi}{2}} \cos\theta \cdot \frac{\sigma^2}{2\varepsilon_0} \cdot 2\pi R^2 \sin\theta d\theta$$

图 1 - 3 - 8

$$= \frac{\pi R^2}{2\varepsilon_0}\left(\frac{Q}{4\pi R^2}\right)^2 = \frac{Q^2}{32\pi\varepsilon_0 R^2} = \frac{\left(\frac{Q}{2}\right)^2}{4\pi\varepsilon_0\left(\sqrt{2}R\right)^2} \text{ 。}$$

可见，二半球相互作用力可视为带电 $\frac{Q}{2}$ 、相距 $\sqrt{2}R$ 之二点电荷的相互

作用力。它们相互排斥至无穷远，电场力所作之功可近似认为 $W =$

$$\frac{\frac{Q^2}{2}}{4\pi\varepsilon_0(\sqrt{2}R)} \text{ 。}$$

设二半球之电容为 $C_1 = C_2$ ，按能量原理应有

$$\frac{Q^2}{2C} - W = \frac{\left(\frac{Q}{2}\right)^2}{2C_1} + \frac{\left(\frac{Q}{2}\right)^2}{2C_2} \text{ 。}$$

即

$$\frac{Q^2}{2 \cdot 4\pi\varepsilon_0 R} - \frac{Q^2}{16\pi\varepsilon_0(\sqrt{2}R)} = \frac{Q^2}{4C_1} \text{ 。}$$

故

$$C_1 = \frac{2\pi\varepsilon_0 R}{1 - \frac{1}{2\sqrt{2}}} = 3.1\pi\varepsilon_0 R \text{ 。}$$

这样，我们就从能量的观点及定性和半定量的物理方法，近似地导出
了半球导体的电容，解决了数学难题。

第二章

杠杆原理
在数学中的应用

阿基米德说过："给我一个支点，我可以撬动整个地球。"这里说的就是物理学中的杠杆原理。不同学科之间的知识是相通的，把杠杆原理应用于某些数学问题，可以取得更好的效果。

第一节　原理的简单应用

杠杆原理：杠杆原理亦称杠杆平衡条件，即要使杠杆平衡，作用在杠杆上的两个力矩（力与力臂的乘积）大小必须相等。即：动力×动力臂 = 阻力×阻力臂（$F_1 \cdot L_1 = F_2 \cdot L_2$）。

问题　已知圆柱形水杯质量为 a 克，其重心在圆柱轴的中点处（杯底厚度及重量忽略不计，且水杯直立放置）。质量为 b 克的水恰好装满水杯，装满水后的水杯的重心还在圆柱轴的中点处。

（1）若 $b = 3a$，求装入半杯水的水杯的重心到水杯底面的距离与水杯高的比值；

（2）水杯内装多少克水可以使装入水后的水杯的重心最低，为什么？

解　设空杯子的重心为 O，杯子的总高度为 h，设倒入的水的重心在 O' 处，杯子和水的整体重心在 O_1 处，O_1 到杯子底部的距离为 x。

（1）根据杠杆原理有 $O_1 O' \cdot \dfrac{b}{2} = O_1 O \cdot a$，即 $\dfrac{3}{2}\left(x - \dfrac{1}{4}h\right) = \dfrac{1}{2}h - x$，解得 $\dfrac{x}{h} = \dfrac{7}{20}$。

（2）设倒入水的质量为 λb（$\lambda \in [0, 1]$），同样根据杠杆原理有 $O_1 O' \cdot \lambda b = O_1 O \cdot a$，即 $\lambda b\left(x - \dfrac{1}{2}\lambda h\right) = \left(\dfrac{1}{2}h - x\right)a$，解得

$$x = \frac{\lambda^2 bh + ah}{2(\lambda b + a)} = \frac{1}{2}\left(\frac{\lambda^2 bh + \lambda ah - \lambda ah - \dfrac{a^2 h}{b} + \dfrac{a^2 h}{b} + ah}{\lambda b + a}\right)$$

$$= \frac{1}{2}\Big[\frac{(\lambda b + a)h}{b} + \frac{ah(a + b)}{b(\lambda b + a)} - 2\frac{ah}{b}\Big] \geqslant$$

$$\frac{1}{2}\Big[2\sqrt{\frac{(\lambda b + a)h}{b} \times \frac{ah(a + b)}{b(\lambda b + a)}} - 2\frac{ah}{b}\Big]$$

$$= \frac{h}{b}(\sqrt{a(a + b)} - a)$$

当且仅当 $\dfrac{(\lambda b + a)h}{b} = \dfrac{ah(a + b)}{b(\lambda b + a)}$ 时，等号成立，解得 $\lambda =$

$\dfrac{\sqrt{a(a + b)} - a}{b} < \dfrac{(a + b) - a}{b} = 1$，符合题意。故倒入水的质量为

$\sqrt{a(a + b)} - a$ 时，整体重心最低。

例　设在平面直角坐标系中，点 A，B，P 的坐标分别为 (x_1, y_1)，

(x_2, y_2)，(x, y)，且 $\dfrac{AP}{BP} = \lambda$。求证：$x = \dfrac{x_1 + \lambda x_2}{1 + \lambda}$，$y = \dfrac{y_1 + \lambda y_2}{1 + \lambda}$（线段的

定比分点公式）。

证　当 P 在 AB 上时（图 2-1-1），设在 A 点放置一个质量为 1 的质

点，由杠杆原理得：$\dfrac{AP}{PB} = \dfrac{m_B}{m_A}$，所以 $m_B = \lambda$。因为 A, B 两点对 P 点的重力

矩相等，故 $1 \cdot (x - x_1) = \lambda(x_2 - x)$，解得 $x = \dfrac{x_1 + \lambda x_2}{1 + \lambda}$。同理，$y =$

$\dfrac{y_1 + \lambda y_2}{1 + \lambda}$。

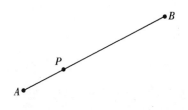

图 2-1-1

当 P 为外分点时（图 2-1-2），$\dfrac{AP}{PB} = \lambda < 0$，则 $\dfrac{AB}{BP} = |\lambda| - 1$。同上可得

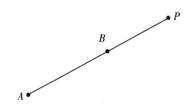

图 2-1-2

$$x_2 = \frac{x_1 + (|\lambda| - 1)x}{1 + (|\lambda| - 1)}，\text{解得} \ x = \frac{|\lambda|x_2 - x_1}{|\lambda| - 1} = \frac{x_1 + \lambda x_2}{1 + \lambda}，\text{同理} \ y =$$

$\dfrac{y_1 + \lambda y_2}{1 + \lambda}$。公式仍成立。证毕。

课后习题

1. 设平面向量 $\vec{a_1}, \vec{a_2}, \vec{a_3}$ 的和为 0，即 $\vec{a_1} + \vec{a_2} + \vec{a_3} = \vec{0}$。如果平面向量 $\vec{b_1}, \vec{b_2}, \vec{b_3}$ 满足 $|\vec{b_i}| = 2|\vec{a_i}|$，且将 $\vec{a_i}$ 顺时针旋转 30° 与 $\vec{b_i}$ 同向，其中 $i = 1, 2, 3$。则（　　）

    A. $-\vec{b_1} + \vec{b_2} + \vec{b_3} = \vec{0}$

    B. $\vec{b_1} - \vec{b_2} + \vec{b_3} = \vec{0}$

    C. $\vec{b_1} + \vec{b_2} - \vec{b_3} = \vec{0}$

    D. $\vec{b_1} + \vec{b_2} + \vec{b_3} = \vec{0}$

2. 某粮店用一个不准确的天平（其两边臂不等长）称大米。某顾客要购买 20kg 大米，售货员先将 10kg 的砝码放入左盘，置大米于右盘使之平衡后给顾客，然后又将 10kg 砝码放入右盘，置大米于左盘，平衡后再给顾客。请问：是顾客吃亏还是粮店吃亏？

3. 已知 $\triangle ABC$ 的三顶点分别为 A (2, 3)，B (6, 5)，C (-3, -6)，且在点 A，B，C 处分别放 3g、2g、1g 的重物，求此时 A，B，C 三点的重心 G 的坐标。

📖 阅读与思考

改变世界的阿基米德杠杆原理

阿基米德有句名言："给我一个支点，我可以撬动整个地球。"图 2-1-4 所示的邮票就是为表彰公式 $F_1 l_1 = F_2 l_2$，即阿基米德杠杆原理发行的。阿基米德发现杠杆的平衡条件是：动力×动力臂 = 阻力×阻力臂。从原则上来说，只要动力臂足够大而阻力臂足够小，就可以用足够小的力撬起足够重的物体。由此得出一个结论：利用杠杆可以产生改造自然的强大动力。

图 2-1-3

图 2-1-4

阿基米德（公元前 287 年—公元前 212 年），出生于希腊叙拉古附近的一个小村庄中的贵族家庭，与叙拉古的赫农王有亲戚关系。阿基米德的父亲是天文学家兼数学家，学识渊博，为人谦逊。阿基米德受家庭的影响，从小就对数学、天文学特别是古希腊的几何学产生了浓厚的兴趣。

阿基米德不仅是个理论家，也是个实践家。他一生热衷于将其科学发现应用于实践，把二者结合起来。在埃及，公元前1500年左右，就有人用杠杆来抬起重物，不过人们不知道它的道理。阿基米德潜心研究了这个现象并发现了杠杆原理。赫农王对阿基米德的理论一向持半信半疑的态度。他要求阿基米德将它们变成活生生的例子以使人信服。阿基米德说："给我一个支点，我可以撬动整个地球。"（假如阿基米德有个站脚的地方，他真能挪动地球吗？也许能。不过，据科学家计算，如果真有相应的条件，阿基米德使用的杠杆必须要有3.61×10^{28}千米长才行！即使在今天这也是做不到的。）国王说："这恐怕实现不了，你还是来帮我拖动海岸上的那条大船吧。"这条船是赫农王为埃及国王制造的，体积大，相当重，因为不能挪动，搁浅在海岸上已经很多天了。阿基米德立刻答应下来。阿基米德设计了一套复杂的杠杆滑轮系统安装在船上，将绳索的一端交到赫农王手上。赫农王轻轻拉动绳索，奇迹出现了，大船缓缓地挪动起来，最终下到海里。赫农王惊讶之余，十分佩服阿基米德，并派人贴出告示："今后无论阿基米德说什么，都要相信他。"另一个故事说的是赫农王让金匠替他做了一顶纯金的王冠，做好后，赫农王疑心工匠在金冠中掺了银子，但这顶金冠的确与当初交给金匠的纯金一样重，到底工匠有没有捣鬼呢？既想检验真假，又不能破坏王冠，这个问题不仅难倒了赫农王，也使诸大臣面面相觑。后来，赫农王将它交给了阿基米德。阿基米德冥思苦想出很多办法，但都失败了。有一天，他去洗澡，当他坐进澡盆时，看到盆中的水往外溢，同时感到身体被轻轻托起。他恍然大悟，跳出澡盆，连衣服都顾不得穿就直向王宫奔去，一路大声喊着"尤里卡，尤里卡"（意为"我知道了"），原来他想到，如果王冠被放入水中后，排出的水量不等于同等重量的金子排出的水量，那王冠肯定是掺了别的金属。这就是有名的浮力定律，即浸在液体中的物体受到向上的浮力，其大小等于物体所排出液体的重量。后来，该定律就被命名为阿基米德定律。作为爱国者，阿基米德应用上述公式指导同胞们制造了很多攻击和防御的武器来保卫祖国。阿基米德的墓碑上刻着一个圆柱内切球的图形，以纪念他在几何学上的卓越贡献。阿基米德被后世的数学家尊称为"数学之神"。

阿基米德的成就，除杠杆原理和著名的浮力原理外，还有许多。作为数学家，他写出了《论球体和圆柱体》《论劈锥曲面体与回转椭圆体》《抛物线求积法》《论螺线》等数学著作。作为力学家，他著有《论平面图形的平衡》《论浮体》等力学著作。在《论平面图形的平衡》中，他系统地论证了杠杆原理。在《论浮体》中，他论证了浮体定律。阿基米德不仅在理论上成就璀璨，他还是一个富有实践精神的工程学家。他一生设计、制造了许多机构和机器，除了杠杆系统外，值得一提的还有举重滑轮、灌地机、扬水机以及军事上用的投射器等。可以说，数学的价值在阿基米德身上被集中呈现出来。

第二节　求解线段的比例问题（一）

众所周知，在几何证明题中，与线段的比有关的问题往往较难，常常需添辅助线。但是我们如果能巧妙地应用物理学中的杠杆原理，不但不用添辅助线，甚至可以将图形简化，达到化繁为简的目的。

对于线段 AB，将其视为轻质杠杆，O 为支点。如果在 AB 的端点处分别放置质量为 m_1，m_2 的两个质点，使杠杆平衡，则根据杠杆原理可得 $m_1 \cdot AO = m_2 \cdot BO$，或 $AO : OB = m_2 : m_1$。此时 $m_0 = m_1 + m_2$，即 O 点也为线段 AB 的重心，故由杠杆原理可得：①一条线段上的点（重心）到两端点的距离之比等于这条线段的两个端点的受力之反比 $\left(\dfrac{L_1}{L_2} = \dfrac{F_2}{F_1} \right)$；②平衡点（重心）所受的力等于两端点受力之和（$F_0 = F_1 + F_2$）。

下面我们来看杠杆原理在求解线段比例中的应用。

问题　如图 2 – 2 – 1，在 △ABC 中，E 是 AC 上的点，$AE : EC = 1 : 3$，连结 BE，F 为 BE 上的点，且 $\dfrac{BF}{FE} = \dfrac{2}{3}$，再连结 AF 交 BC 于 G，试求 $BG : GC$，$AF : FG$。

解　设在 A 点处放置一个质量为 3 的质点，把 AC 看成杠杆，E 点为支点，

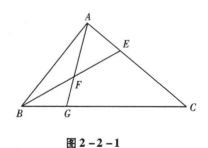

图 2 – 2 – 1

由杠杆平衡条件得 $\dfrac{AE}{EC}=\dfrac{m_C}{m_A}$，$\therefore m_C=\dfrac{AE}{EC}\cdot m_A=1$，$m_E=m_A+m_C=3+1=4$。

同理，$\dfrac{BF}{FE}=\dfrac{m_E}{m_B}$，$\therefore m_B=\dfrac{FE}{BF}\cdot m_E=\dfrac{3}{2}\times 4=6$，$\therefore \dfrac{BG}{GC}=\dfrac{m_C}{m_B}=\dfrac{1}{6}$，

即 $BG:GC=1:6$。

$\dfrac{AF}{FG}=\dfrac{m_G}{m_A}=\dfrac{m_B+m_C}{m_A}=\dfrac{6+1}{3}=\dfrac{7}{3}$，即 $AF:FG=7:3$。

用杠杆原理去求交点在三角形内的线段的比，关键在于在三角形的各个顶点合理地配置质量，使每条线段（杠杆）都符合杠杆平衡的条件，从而整个质点保持平衡状态。

下面我们再来看几个例子。

例1　过 $\triangle ABC$ 的顶点 C 任作一直线，与边 AB 及中线 AD 分别交于 F，E，求证：$\dfrac{AE}{ED}=\dfrac{2AF}{FB}$。

证　如图 $2-2-2$ 所示，在 C 点放置质量为 m 的质点，视 D 为杠杆 BC 的支点，因 D 为 BC 的中点，则在 B 点应置质量 m，$m_D=2m$。设在 A 点放置质量为 n 的质点，使得 $\triangle ABC$ 的重心在 E 点，则 F 是杠杆 AB 的重心。视 E，F 分别为杠杆 AD，AB 的支点，则由杠杆原理分别有：$AE\cdot n=ED\cdot 2m$，$AF\cdot n=FB\cdot m$，即 $\dfrac{AE}{ED}=\dfrac{2m}{n}$，$\dfrac{AF}{FB}=\dfrac{m}{n}$，故 $\dfrac{AE}{ED}=\dfrac{2AF}{FB}$。证毕。

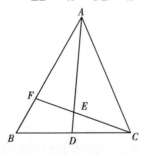

图 2-2-2

例2 如图 2 - 2 - 3 所示，在 △ABC 中，D，E 分别在 BC，AC 上，AD 与 BE 相交于点 F，且 $BD:DC=2:3$，$AE:EC=3:4$，求 $\dfrac{AF}{FD}\cdot\dfrac{BF}{FE}$ 的值。

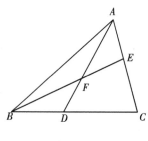

图 2 - 2 - 3

分析 把 D 和 E 分别作为两个支点，如果给 C 点一个适当的力，由已知条件和杠杆原理即可得出其他各点的受力情况，从而计算出所求结果。

解 ∵ $BD:DC=2:3$，$AE:EC=3:4$，∴ 不妨设 C 点受力为 6，则 A 点受力为 8，B 点受力为 9。又 ∵ D，E 为支点，∴ D 点受力为 15，E 点受力为 14。

∴ $\dfrac{AF}{FD}=\dfrac{15}{8}$，$\dfrac{BF}{FE}=\dfrac{14}{9}$。

故 $$\dfrac{AF}{FD}\cdot\dfrac{BF}{FE}=\dfrac{15}{8}\times\dfrac{14}{9}=\dfrac{35}{12}。$$

观察以上例子的图形（标准图形），我们发现图中每条线段上最多有 3 个点，把中间的点看成支点，可以把问题转化成杠杆受力平衡的情景。那么，如果一条线段上的点不止 3 个，线段中间的点也就不止 1 个，应该选哪个点作为支点，又应如何进行受力分析？还能用杠杆原理去解决问题吗？

带着这些问题，我们来看例3。

例3 如图 2 - 2 - 4 所示，已知 $BP:PQ:QC=3:2:1$，$CG:GA=2:3$，求 $BE:EF:FG$。

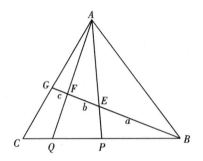

图 2 - 2 - 4

解　设 BE，EF，FG 分别为 a，b，c。先考虑移走线段 AQ，转化为标准图形，如图 2 - 2 - 5 所示。

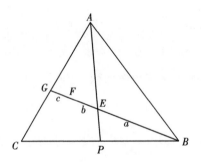

图 2 - 2 - 5

先看线段 AC，以 G 为支点，由已知 $CG:GA = 2:3$，要让 CGA 受力平衡，那么在 C 处需放置质量为 3 的质点，在 A 处放置质量为 2 的质点。

再看线段 BC，以 P 为支点，因为 $CP:PB = 1:1$，C 处放置质量为 3 的质点，那么 B 处也应放质量为 3 的质点。

在线段 BG 中以 E 为支点，由杠杆原理得

$$(b+c) \times 5 = a \times 3，即 \frac{b+c}{a} = \frac{3}{5} \tag{1}$$

如果移走 AP，那么又是另一种情况，如图 $2-2-6$ 所示。

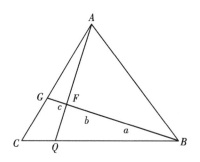

图 $2-2-6$

与上述情况类似，用同样的方法可以求出 $\dfrac{c}{a+b}=\dfrac{3}{25}$ （2）

联立（1），（2）得 $a:b:c=35:15:6$。

即 $BE:EF:FG=35:15:6$。

下面我们来看一个关于三角形面积比的例子。

例4 如图 $2-2-7$ 所示，在 $\triangle ABC$ 中，D，E，F 顺次为 BC，CA，AB 上的点，$DC=\dfrac{1}{3}BC$，$AE=\dfrac{1}{3}AC$，$FB=\dfrac{1}{3}AB$，连 AD，BE，CF 两两分别相交于 Q，P，S，求证：$S_{\triangle PQS}=\dfrac{1}{7}S_{\triangle ABC}$。

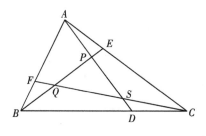

图 $2-2-7$

解　根据杠杆原理，设在 A，B，C 三点分别放置质量为 1，2，4 的质点。则 A，B 的重心为 F。A，B，C 的重心在 CF 上。同理，B，C 的重心为 D，A，B，C 的重心在 AD 上。所以 CF，AD 的交点 S 就是 A，B，C 的重心。

$\because$ A 的质量为 1，D 的质量为 6，$\therefore SD:AS=\dfrac{1}{6}$。

$\therefore S_{\triangle ASC}=\dfrac{6}{7}S_{\triangle ADC}=\dfrac{6}{7}\times\dfrac{1}{3}S_{\triangle ABC}=\dfrac{2}{7}S_{\triangle ABC}$。

同理，$S_{\triangle APB}=S_{\triangle BQC}=\dfrac{2}{7}S_{\triangle ABC}$。

$\therefore S_{\triangle PQS}=S_{\triangle ABC}-S_{\triangle ASC}-S_{\triangle APB}-S_{\triangle BQC}=S_{\triangle ABC}-3\times\dfrac{2}{7}S_{\triangle ABC}=\dfrac{1}{7}S_{\triangle ABC}$。

此题也可用梅涅劳斯定理证明，请参看第三节习题 1。

此例还可推广到任意比的情形：题设同例题，又若

(1) $\dfrac{DC}{BC}=\dfrac{AE}{AC}=\dfrac{FB}{AB}=\dfrac{1}{k}$，则 $\dfrac{S_{\triangle PQS}}{S_{\triangle ABC}}=\dfrac{(k-2)^2}{k^2-k+1}$；

(2) $DC=\dfrac{1}{a}BC$，$AE=\dfrac{1}{b}AC$，$FB=\dfrac{1}{c}AB$，则

$$\dfrac{S_{\triangle PQS}}{S_{\triangle ABC}}=1-\dfrac{c-1}{ac-a+1}-\dfrac{a-1}{ab-b+1}-\dfrac{b-1}{bc-c+1}。$$

请读者仿照例 4 的方法，试着证明。

课后习题

1. M，N 分别是三角形 ABC 的边 BC，CA 上的点，且 $\dfrac{BM}{MC}=m$，$\dfrac{CN}{NA}=n$，若 AM 与 BN 相交于点 P，求证：$\dfrac{AP}{PM}=\dfrac{(m+1)}{(mn)}$。

2. P 为 $\triangle ABC$ 的中线 AM 上任一点，连结 BP，CP 并延长分别交 AC，AB 于 E，D，求证：$DE\parallel BC$。

3. 如图 2-2-8 所示，已知 AD 是 $\triangle ABC$ 的中线，$AE:EF:FD=5:3:2$，求 $AG:GH:HC$。

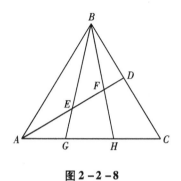

图 2 - 2 - 8

4. 在 △ABC 中，D，E 三等分 BC，F 为 AC 的中点，BF 分别交 AD，AE 于 M，N，求 △AMN 与 △ABC 的面积之比。

5. 如图 2 - 2 - 9 所示，在平行四边形 ABCD 中，若 E 是 AD 的中点，F 是 AB 的四等分点，且靠近 B 点，CE，DF 交于 G 点，求比值 $\dfrac{DG}{GF}$ 和 $\dfrac{EG}{GC}$。

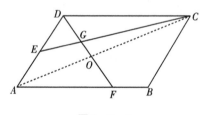

图 2 - 2 - 9

6. 如图 2 - 2 - 10 所示，△ABC 中，M 是 BC 边的中点，AB = 12，AC = 16，E 和 F 分别在 AC 和 AB 上，直线 EF 和 AM 相交于 G，若 AE = 2AF，求 EG : GF。

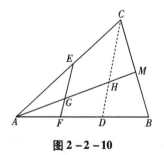

图 2 - 2 - 10

第三节　求解线段的比例问题（二）

问题　设直线 l 分别交 $\triangle ABC$ 的三边（或延长线）AB, BC, CA 于 $D, E,$ F，求证：$\dfrac{AD}{DB} \cdot \dfrac{BE}{EC} \cdot \dfrac{CF}{FA} = 1$ 。（梅涅劳斯定理）

分析　满足题意的情形有两种，如图 $2-3-1$，图 $2-3-2$ 所示。设 $\dfrac{AD}{DB} = \lambda_1$，$\dfrac{BE}{EC} = \lambda_2$，$\dfrac{CF}{FA} = \lambda_3$，只需证 $\lambda_1 \cdot \lambda_2 \cdot \lambda_3 = 1$。

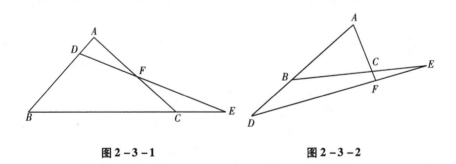

图 $2-3-1$　　　　　　　図 $2-3-2$

证　设在 A 点处放置一个质量为 1 的质点，把 AB 看成一个杠杆，支点为 D，由杠杆平衡条件 $\dfrac{AD}{DB} = \dfrac{m_B}{m_A}$，得 $m_B = \lambda_1$，即在 B 点处必有质量为 λ_1 的质点。

同理，把 AC 看成一个杠杆，支点为 F，可得 $\dfrac{AF}{FC} = \dfrac{m_C}{m_A}$，所以 $m_C = \dfrac{1}{\lambda_3}$。

再把 BE 看成一个杠杆，C 为支点，则 $\dfrac{BC}{CE} = \dfrac{m_E}{m_B}$。

$\because \dfrac{BE}{EC} = \lambda_2$，$\therefore \dfrac{BC}{CE} = \dfrac{BE - CE}{CE} = \lambda_2 - 1$，$\therefore m_E = \dfrac{BC}{CE} \cdot m_B = (\lambda_2 - 1)\lambda_1$

又 $\because m_E = m_F - m_D$，$\therefore (\lambda_2 - 1)\lambda_1 = 1 + \dfrac{1}{\lambda_3} - (1 + \lambda_1)$。化简，得

$\lambda_1 \cdot \lambda_2 \cdot \lambda_3 = 1$。证毕。

第二种情形请读者自己证明。

下面我们来看梅涅劳斯定律的对偶定理——赛瓦定理。

例 1 对 $\triangle ABC$ 所在平面内任一点 O，连接 AO，BO，CO 分别和 $\triangle ABC$ 的边或其延长线交于 P，Q，R，求证：$\dfrac{BP}{PC} \cdot \dfrac{CQ}{QA} \cdot \dfrac{AR}{RB} = 1$。（赛瓦定理）

分析 满足题意的情形有两种，如图 2 – 3 – 3，2 – 3 – 4 所示，设 $\dfrac{BP}{PC} = \lambda_1$，$\dfrac{CQ}{QA} = \lambda_2$，$\dfrac{AR}{RB} = \lambda_3$，于是只需证 $\lambda_1 \cdot \lambda_2 \cdot \lambda_3 = 1$。

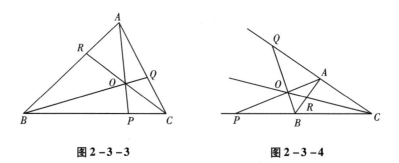

图 2 – 3 – 3   图 2 – 3 – 4

证 设在 B 点放置一质量为 1 的质点，把 P 点看成支点，则 $\dfrac{BP}{PC} = \dfrac{m_C}{m_B}$，

$\therefore m_C = \lambda_1$。同理 $\dfrac{m_A}{m_C} = \dfrac{CQ}{QA} = \lambda_2$，

$\therefore m_A = \lambda_2 m_C = \lambda_1 \lambda_2$ 。

又 $\because \dfrac{m_B}{m_A} = \dfrac{AR}{RB} = \lambda_3$,

$\therefore m_B = \lambda_3 m_A = \lambda_1 \lambda_2 \lambda_3$ ，故 $\lambda_1 \cdot \lambda_2 \cdot \lambda_3 = 1$ 。证毕。

第二种情形请读者自己证明。

问题 已知 $\triangle P_1 P_2 P_3$ 及其内一点 P 。直线 $P_1 P, P_2 P, P_3 P$ 分别交对边 $P_2 P_3, P_1 P_3, P_1 P_2$ 于 Q_1, Q_2, Q_3 ，求证：在比值 $\dfrac{P_1 P}{PQ_1}, \dfrac{P_2 P}{PQ_2}, \dfrac{P_3 P}{PQ_3}$ 中，至少有一个不大于 2 ，也至少有一个不小于 2 。

证法一 在 P_1, P_2, P_3 处分别放上重量为 F_1, F_2, F_3 的三个质点，由杠杆原理，Q_1, Q_2, Q_3 受力分别为 $F_2 + F_3, F_1 + F_3, F_1 + F_2$ ，从而

$$\frac{P_1 P}{PQ_1} = \frac{(F_2 + F_3)}{\dfrac{F_1, P_2 P}{PQ_2}}$$

$$= \frac{(F_1 + F_3)}{\dfrac{F_2, P_3 P}{PQ_3}}$$

$$= \frac{(F_1 + F_2)}{F_3} 。$$

$\therefore \dfrac{P_1 P}{PQ_1} + \dfrac{P_2 P}{PQ_2} + \dfrac{P_3 P}{PQ_3} = \dfrac{(F_2 + F_3)}{F_1} + \dfrac{(F_1 + F_3)}{F_2} + \dfrac{(F_1 + F_2)}{F_3} = \dfrac{F_2}{F_1} + \dfrac{F_1}{F_2} +$

$\dfrac{F_2}{F_3} + \dfrac{F_3}{F_2} + \dfrac{F_1}{F_3} + \dfrac{F_3}{F_1} \geqslant 2\sqrt{\left(\dfrac{F_2}{F_1}\right)\left(\dfrac{F_1}{F_2}\right)} + 2\sqrt{\left(\dfrac{F_3}{F_2}\right)\left(\dfrac{F_2}{F_3}\right)} + 2\sqrt{\left(\dfrac{F_1}{F_3}\right)\left(\dfrac{F_3}{F_1}\right)} = 6$

由此易知 $\dfrac{P_1 P}{PQ_1}, \dfrac{P_2 P}{PQ_2}, \dfrac{P_3 P}{PQ_3}$ 不能全小于 2 。若 $\dfrac{P_1 P}{PQ_1}, \dfrac{P_2 P}{PQ_2}, \dfrac{P_3 P}{PQ_3}$ 全大于 2 ，即

$$\frac{(F_2 + F_3)}{F_1} > 2 \textcircled{1}, \qquad \frac{(F_1 + F_3)}{F_2} > 2 \textcircled{2},$$

$\dfrac{(F_1 + F_2)}{F_3} > 2$ ③,

由①得 $\dfrac{(F_2 + F_3 + F_1)}{F_1} > 3$, 即 $\dfrac{F_1}{(F_1 + F_2 + F_3)} < \dfrac{1}{3}$ ④,

同理, $\dfrac{F_2}{(F_1 + F_2 + F_3)} < \dfrac{1}{3}$ ⑤,

$\dfrac{F_3}{(F_1 + F_2 + F_3)} < \dfrac{1}{3}$ ⑥,

将④⑤⑥左右两边分别相加得,

$$\dfrac{F_1}{(F_1 + F_2 + F_3)} + \dfrac{F_2}{(F_1 + F_2 + F_3)} + \dfrac{F_3}{(F_1 + F_2 + F_3)} < \dfrac{1}{3} + \dfrac{1}{3} + \dfrac{1}{3}$$

得 $1 < 1$, 矛盾。所以 $\dfrac{P_1 P}{P Q_1}, \dfrac{P_2 P}{P Q_2}, \dfrac{P_3 P}{P Q_3}$ 不能全大于 2, 也不能全小于 2。

证毕。

证法二 如图 2-3-5 所示, 设 △ $P_1 P_2 P_3$ 的三条中线交于点 G, 则这三条中线把 △ $P_1 P_2 P_3$ 分成六个小三角形。

① 若 P 与 G 重合, 则由三角形重心定理知结论显然成立。

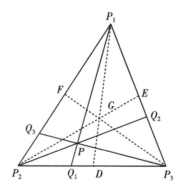

图 2-3-5

②　若 P 不与 G 重合，则 P 必落在上述六个小三角形之一内（包括边界），不妨设 P 落在 $\triangle P_2GD$ 内。由题设知 Q_1 必落在线段 P_2D 上（包括 D 点），Q_2 必落在线段 P_3E 上（包括 E 点），Q_3 必落在线段 P_2F 上（包括 F 点）。视 P 点为 $\triangle P_1P_2P_3$ 的重心，由杠杆原理知 $m_{P_2} \geqslant m_{P_1}, m_{P_2} \geqslant m_{P_3}$，$m_{P_3} \geqslant m_{P_1}$。

$$\therefore \frac{P_1P}{PQ_1} = \frac{m_{Q_1}}{m_{P_1}} = \frac{m_{P_2} + m_{P_3}}{m_{P_1}} \geqslant 2 , \frac{P_2P}{PQ_2} = \frac{m_{Q_2}}{m_{P_2}} = \frac{m_{P_1} + m_{P_3}}{m_{P_2}} \leqslant 2 。$$

若 P 点在其余五个小三角形内时，同样可证。

由①、②知原命题成立。证毕。

从问题 4 可以看出可以用杠杆原理解决二维空间问题。那么，能不能解决三维空间的问题呢？下面我们把问题 4 拓展到三维空间。

例 2　设 P 为四面体 $ABCD$ 内任意一点，分别连 AP，BP，CP，DP，顺次与所对的面 BCD，CDA，DAB，ABC 交于点 Q_1，Q_2，Q_3，Q_4。求证：$AP:PQ_1$，$BP:PQ_2$，$CP:PQ_3$，$DP:PQ_4$ 这四个比中，至少有一个不大于 3，也有一个不小于 3。

证　在 A，B，C，D 四点处分别放重量为 F_1，F_2，F_3，F_4 的四个质点，在平面 BCD 中点 Q_1 的合力为 $F_2 + F_3 + F_4$，显然运用杠杆原理，有

$$\frac{PQ_1}{AP} = \frac{F_1}{(F_2 + F_3 + F_4)}$$

同理可得 $\dfrac{PQ_2}{BP} = \dfrac{F_2}{(F_1 + F_3 + F_4)}$，$\dfrac{PQ_3}{CP} = \dfrac{F_3}{(F_1 + F_2 + F_4)}$，

$\dfrac{PQ_4}{DP} = \dfrac{F_4}{(F_1 + F_2 + F_3)}$。下面的证法与问题 4 中证法一相似，请读者自己证明。

下面我们再来看两个例子。

例 3　已知 G 是 $\triangle ABC$ 的重心，过 G 作直线，设这条直线分别交三角

形的边 AB，AC 于 E，F，求证：$EG \leqslant 2GF$。

证 如图 2-3-6 所示，设 BD，CH 是 $\triangle ABC$ 的中线，它们的交点即为重心 G，由题意可知，E，F 必分别落在线段 BH，CD 上。

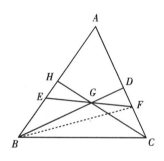

图 2-3-6

连结 BF，考虑 $\triangle ABF$。设 $m_B = 1$，由 $\dfrac{BG}{GD} = 2$，得 $m_D = 2$。而 $m_D = m_A + m_F$，又 $AD \geqslant DF$，所以 $0 \leqslant m_A \leqslant 1$，$1 \leqslant m_F \leqslant 2$。

$\because m_E = m_A + m_B$，$m_B = 1$，$0 \leqslant m_A \leqslant 1$，

$\therefore 1 \leqslant m_E \leqslant 2$。

$\therefore \dfrac{1}{2} \leqslant \dfrac{EG}{GF} = \dfrac{m_F}{m_E} \leqslant 2$。

$\therefore EG \leqslant 2GF$（当且仅当 F 与 D 重合时，等号成立）。同时有 $GF \leqslant 2EG$（当且仅当 E 与 H 重合时，等号成立）。证毕。

例 4 设 M，N 分别是正六边形 $ABCDEF$ 的对角线 AC 和 CE 的内分点，使 $AM : AC = CN : CE = r$，若 B，M，N 共线，求 r。

解 如图 2-3-7 所示，连结 BE 交 AC 于 G，易证 G 为 AC 的中点，且 $\dfrac{BG}{EG} = \dfrac{1}{3}$。考虑 $\triangle BCE$，$\because CN : CE = r$，$\therefore \dfrac{CN}{NE} = \dfrac{r}{1-r}$，故可设 $m_E = r$，由杠杆原理得 $m_C = 1 - r$，$m_B = 3r$。

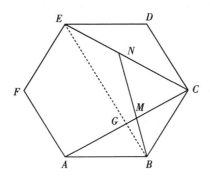

图 2 – 3 –7

$$\therefore \frac{CM}{MG} = \frac{m_G}{m_C} = \frac{m_B + m_E}{m_C} = \frac{4r}{1-r}, \quad \frac{CM}{CG} = \frac{4r}{1+3r}, \quad \text{而 } CG = \frac{1}{2}AC,$$

$$\therefore \frac{CM}{AC} = \frac{2r}{1+3r}。$$

又由题设 $\frac{AM}{AC} = r$，两式相加得 $\frac{2r}{1+3r} + r = 1$。化简得 $r^2 = \frac{1}{3}$，显然 $r > 0$，

$$\therefore r = \frac{\sqrt{3}}{3}。$$

课后习题

1. 如图 2 – 3 – 8 所示，在 $\triangle ABC$ 的三边上分别取点 D，E，F，使

$\frac{BD}{DC} = \frac{CE}{EA} = \frac{AF}{FB} = 2$。若 AD，BE，CF 两两相交于 G，M，K，则 $S_{\triangle GMK} = \frac{1}{7} S_{\triangle ABC}$。

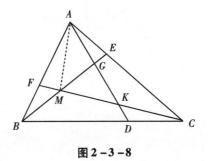

图 2 – 3 – 8

2. 已知在 $\triangle ABC$ 中，$AD = DC$，C_1，C_2 为 CB 的两个三等分点，分别连接 C_1A，C_2A，交 BD 于 D_1，D_2，求：

（1） $\dfrac{S_{\triangle AD_1D_2}}{S_{\triangle AC_1C_2}}$；

（2） 如四等分 BC，分点由 C 起顺次为 C_1，C_2，C_3 时，求 $\dfrac{S_{\triangle AD_1D_2}}{S_{\triangle AC_1C_2}}$；

（3） 如 n 等分 BC，分点由 C 起顺次为 C_1，C_2，$C_3 \cdots$ 时，求 $\dfrac{S_{\triangle AD_1D_2}}{S_{\triangle AC_1C_2}}$。

3. 已知 $\triangle ABC$，O 为 $\triangle ABC$ 内任一点，AO，BO，CO 分别交对边于 P，Q，R，求证：$\dfrac{AO}{AP} \cdot \dfrac{BO}{BQ} \cdot \dfrac{CO}{CR} \leqslant \dfrac{8}{27}$。

4. 有一公共边但不共面的两三角形 ABC 和 $A'BC$ 被一平面 α 所截，若 α 分别截 AB，AC，$A'B$，$A'C$ 于 D，E，D'，E'，求证：

$$\left(\dfrac{AD}{DB}\right)\left(\dfrac{BD'}{D'A'}\right)\left(\dfrac{A'E'}{E'C}\right)\left(\dfrac{CE}{EA}\right) = 1 。$$

5. 设 P 为 $\triangle ABC$ 的内点，连结 P 与各顶点并延长至对边，设 a，b，c，d 表示图 $2-3-9$ 中线段的长度，如果 $a+b+c=43$，$d=3$，试求 abc。

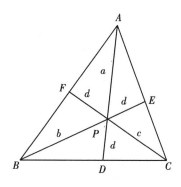

图 $2-3-9$

📖 阅读与思考

梅涅劳斯定理和塞瓦定理

梅涅劳斯定理（简称梅氏定理）是由古希腊数学家梅涅劳斯首先证明的。

数学意义：使用梅涅劳斯定理可以进行直线中线段长度比例的计算，其逆定理还可以应用于三点共线、三线共点等问题的判定，是平面几何学以及射影几何学中的一项基本定理，具有重要的作用。梅涅劳斯定理的对偶定理是塞瓦定理。

梅涅劳斯定理：设 $\triangle ABC$ 的三边（或所在直线）BC, CA, AB 被一直线分别截于点 X, Y, Z，则 $\dfrac{AZ}{ZB} \cdot \dfrac{BX}{XC} \cdot \dfrac{CY}{YA} = 1$。

逆定理：设在 $\triangle ABC$ 三边（或所在直线）BC, CA, AB 上各取一点 X, Y, Z 满足关系 $\dfrac{AZ}{ZB} \cdot \dfrac{BX}{XC} \cdot \dfrac{CY}{YA} = 1$，则此三点共线。

塞瓦（1648—1734），意大利水利工程师、数学家。塞瓦定理载于塞瓦于 1678 年发表的《直线论》，是塞瓦的重大发现。

塞瓦定理：设 O 是 $\triangle ABC$ 内任意一点，AO，BO，CO 分别交对边于 D，E，F，则 $\dfrac{BD}{DC} \cdot \dfrac{CE}{EA} \cdot \dfrac{AF}{FB} = 1$。

等价叙述：$\triangle ABC$ 的三边 BC，CA，AB 上有点 D，E，F，则 AD，BE，CF 三线共点的充要条件是 $\dfrac{BD}{DC} \cdot \dfrac{CE}{EA} \cdot \dfrac{AF}{FB} = 1$，这点称为三角形的塞瓦点。

塞瓦定理的逆定理也成立，即如果有三点 F，D，E 分别在 $\triangle ABC$ 的三

边 AB，BC，CA 上，且满足 $\dfrac{AF}{FB} \cdot \dfrac{BD}{DC} \cdot \dfrac{CE}{EA} = 1$，那么 AD，BE，CF 三线交于一点。

利用塞瓦定理的逆定理可判定三线共点。例如，证明三角形三条高线必交于一点；三角形三条中线交于一点；等等。

第四节　处理三角形中的向量问题

物理中的力是有方向有大小的，同数学中的向量有相似之处，在第二、三两节中，我们已知这样的结论：

如图 $2-4-1$ 所示，在 $\triangle ABC$ 中，$\dfrac{CD}{DB}=\dfrac{a}{b}$，$\dfrac{AE}{EC}=\dfrac{c}{d}$，设 $m_B=a$，则 $m_C=b$，$m_A=\dfrac{bd}{c}$，$\dfrac{AO}{OD}=\dfrac{c(a+b)}{bd}$，$\dfrac{EO}{OB}=\dfrac{ac}{b(c+d)}$。

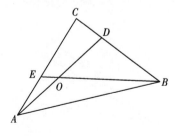

图 $2-4-1$

利用这一结论可以证明以下推广：

结论　$\overrightarrow{AO}=\dfrac{m_B}{m_A+m_B+m_C}\overrightarrow{AB}+\dfrac{m_C}{m_A+m_B+m_C}\overrightarrow{AC}$，

$\overrightarrow{CO}=\dfrac{m_B}{m_A+m_B+m_C}\overrightarrow{CB}+\dfrac{m_A}{m_A+m_B+m_C}\overrightarrow{CA}$，

$\overrightarrow{BO}=\dfrac{m_A}{m_A+m_B+m_C}\overrightarrow{BA}+\dfrac{m_C}{m_A+m_B+m_C}\overrightarrow{BC}$。

证 由图 2 – 4 – 1 可知，

$$\overrightarrow{AD} = \overrightarrow{AC} + \overrightarrow{CD} = \overrightarrow{AC} + \frac{a}{a+b}(\overrightarrow{AB} - \overrightarrow{AC}) = \frac{a}{a+b}\overrightarrow{AB} + (1 - \frac{a}{a+b})\overrightarrow{AC}$$

而 $\overrightarrow{AO} = \dfrac{AO}{AD}\overrightarrow{AD} = \dfrac{a+b}{a+b+\dfrac{bd}{c}}\overrightarrow{AD}$，把 $\overrightarrow{AD}$ 代入，可得

$$\overrightarrow{AO} = \frac{a}{a+b+\dfrac{bd}{c}}\overrightarrow{AB} + \frac{b}{a+b+\dfrac{bd}{c}}\overrightarrow{AC} = \frac{m_B}{m_A + m_B + m_C}\overrightarrow{AB} + \frac{m_C}{m_A + m_B + m_C}$$

$\overrightarrow{AC}$。

同理，可得其余两个等式。证毕。

下面我们运用这个结论。

例 1 如图 2 – 4 – 2 所示，在 $\triangle ABC$ 中，$AM:AB = 1:3$，$AN:AC = 1:4$，BN 与 CM 交于点 E，$\overrightarrow{AB} = a$，$\overrightarrow{AC} = b$，试用 a 和 b 表示 $\overrightarrow{AE}$。

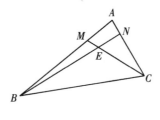

图 2 – 4 – 2

解 以 AC 为杠杆 N 为支点，设 $m_A = 6$，则 $m_C = 2$；以 AB 为杠杆 M 为支点，$\because m_A = 6$，则 $m_B = 3$。$\therefore \overrightarrow{AE} = \dfrac{3}{2+3+6}a + \dfrac{2}{2+3+6}b = \dfrac{3}{11}a + \dfrac{2}{11}b$。

例 2 如图 2 – 4 – 3 所示，在 $\triangle ABC$ 中，$AB = 4$，$AC = 2$，$BC = 3$，O 为 $\triangle ABC$ 的内心，G 为 $\triangle ABC$ 的重心，设 $\overrightarrow{OG} = \lambda \overrightarrow{AB} + \mu \overrightarrow{AC}$（$\lambda$，$\mu \in R$），求 $\lambda + \mu$。

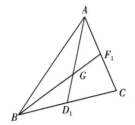 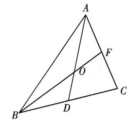

图 2 - 4 - 3

解 $\because G$ 为重心，$\therefore D_1$，F_1 都是中点，易得 $\overrightarrow{AG} = \dfrac{1}{3}\overrightarrow{AB} + \dfrac{1}{3}\overrightarrow{AC}$。

$\because O$ 为内心，由角平分线定理知：$\dfrac{AB}{AC} = \dfrac{BD}{DC} = \dfrac{2}{1}$，$\dfrac{BC}{AB} = \dfrac{CF}{AF} = \dfrac{3}{4}$。

设 $m_C = 4$，则 $m_A = 3$，$m_B = 2$，可得 $\overrightarrow{AO} = \dfrac{2}{9}\overrightarrow{AB} + \dfrac{4}{9}\overrightarrow{AC}$。

$\because \overrightarrow{OG} = \overrightarrow{AG} - \overrightarrow{AO} = \dfrac{1}{9}\overrightarrow{AB} - \dfrac{1}{9}\overrightarrow{AC}$，$\therefore \lambda = \dfrac{1}{9}$，$\mu = -\dfrac{1}{9}$。故 $\lambda + \mu = 0$。

推论 我们已知 $\overrightarrow{AO} = \dfrac{m_B}{m_A + m_B + m_C}\overrightarrow{AB} + \dfrac{m_C}{m_A + m_B + m_C}\overrightarrow{AC}$，通过变形可

得 $m_A + m_B + m_C \overrightarrow{AO} = m_B (\overrightarrow{OB} - \overrightarrow{OA}) + m_C (\overrightarrow{OC} - \overrightarrow{OA})$，即

$$m_A \overrightarrow{OA} + m_B \overrightarrow{OB} + m_C \overrightarrow{OC} = \vec{0}。$$

下面我们来看一个例子。

例3 在图 2 - 4 - 4 中，已知 O 是 $\triangle ABC$ 内一点，且 $\overrightarrow{OA} = m\overrightarrow{OB} + n\overrightarrow{OC}$

$(m < 0, n < 0)$。若 $\dfrac{S_{\triangle AOB}}{S_{\triangle AOC}} = \dfrac{2}{3}$，求 $\dfrac{m}{n}$。

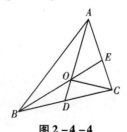

图 2 - 4 - 4

解　$\because \dfrac{S_{\triangle AOB}}{S_{\triangle AOC}} = \dfrac{2}{3}$，$\therefore$ 以 AO 为底边的高之比也是 $2:3$，可得 $\dfrac{S_{\triangle OBD}}{S_{\triangle OCD}} =$

$\dfrac{2}{3}$，故 $\dfrac{BD}{CD} = \dfrac{2}{3}$，$\dfrac{m_B}{m_C} = \dfrac{3}{2}$。

已知 $\overrightarrow{OA} = m\,\overrightarrow{OB} + n\,\overrightarrow{OC}$（$m < 0$，$n < 0$），而 $m_A\,\overrightarrow{OA} + m_B\,\overrightarrow{OB} + m_C\,\overrightarrow{OC} =$

$\vec{0}$，可得 $\dfrac{m}{n} = \dfrac{m_B}{m_C} = \dfrac{3}{2}$。

课后习题

1. 设点 P 是 $\triangle ABC$ 内一点（不包括边界），且 $\overrightarrow{AP} = m\,\overrightarrow{AB} + n\,\overrightarrow{AC}$（$m$，$n \in R$），求 $m^2 + n^2 - 2m - 2n + 3$ 的取值范围。

2. 在图 $2-4-5$ 中，已知 O 是 $\triangle ABC$ 的外心，$AB = \sqrt{3}$，$AC = 3$，$x + 2y = 1$，若 $\overrightarrow{AO} = x\,\overrightarrow{AB} + y\,\overrightarrow{AC}$（$xy \neq 0$），求 $\angle BAC$。

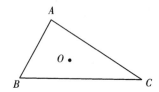

图 $2-4-5$

第五节　力矩及其应用

对于第四节的推论，我们还可以得到更一般的形式：

在平面上 n 个点 X_k（$k=1$，2，$\cdots$，n）处分别放置质量为 m_k 的质点，若 O 是其重心，则 $m_1 \overrightarrow{OX_1} + m_2 \overrightarrow{OX_2} + \cdots + m_n \overrightarrow{OX_n} = \vec{0}$

这由力矩性质不难得到。

早在古希腊，阿基米德已用力矩原理证明了球体和圆锥公式。可见，对某些数学问题来说，力矩原理也是一种很好的解决手段。

问题　证明自然数平方和公式，即

$$1^2 + 2^2 + 3^2 + \cdots + n^2 = \frac{n\,(n+1)\,(2n+1)}{6}。$$

证　先构筑这样一个点阵（图 2-5-1）：在距原点距离为 1 处放置 1 个单位质量的质点；在距原点距离为 2 处放置 2 个单位质量的质点；……；距原点距离为 n 处放置 n 个单位质量的质点。则该点阵相对于原点的重力距为：

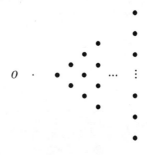

图 2-5-1

$$M = 1^2 + 2^2 + 3^2 + \cdots + n^2。$$

又因为三角形的重心在底边所对应的中线上，距顶点的距离为中线长度的 $\frac{2}{3}$，所以图 2 - 5 - 1 所示的三角形点阵的重心距原点的水平距离

$$l = \frac{2 \ (n-1)}{3} + 1 = \frac{2n+1}{3},$$

而点阵的总质量 $G = \frac{n \ (n+1)}{2}$，所以

$$M = G \cdot l = \frac{n \ (n+1) \ (2n+1)}{6},$$

即 $1^2 + 2^2 + 3^2 + \cdots + n^2 = \frac{n \ (n+1) \ (2n+1)}{6}$。证毕。

下面我们再来看几个例子。

例1 设 $\triangle ABC$ 和直线 l 在同一个水平面内，且 l 在 $\triangle ABC$ 外，G 是 $\triangle ABC$ 的重心，自 A，B，C，G 各向 l 作垂线，垂足分别是 A'，B'，C'，G'。

求证：$AA' + BB' + CC' = 3GG'$。

证 在 A，B，C 各置一个单位质点，则整个质点系质量为 3 个单位，且重心恰好在 G（图 2 - 5 - 2）。

质点系 $\{A, B, C\}$ 内各质点所受重力对 l 的力矩的和为 $1 \cdot AA' + 1 \cdot BB' + 1 \cdot CC'$，应等于质点系的总重力对 l 的力矩 $3GG'$。

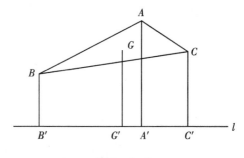

图 2 - 5 - 2

故 $AA' + BB' + CC' = 3GG'$。证毕。

若重力方向与 l 不垂直，证明与上类似，只是差一个三角函数的倍数。当然本命题还可推广到任意多边形。

例 2 设 $\{a_n\}$ 为等差数列，S_{n+1} 为其前 $n+1$ 项的和，求证：

$$a_1 C_n^0 + a_2 C_n^1 + a_3 C_n^2 + \cdots + a_{n+1} C_n^n = \frac{S_{n+1}}{n+1} \cdot 2^n。$$

证 设数列 $\{a_n\}$ 的公差为 d，当 $d = 0$ 时，由组合数性质知结论成立。当 $d > 0$ 时，$a_1 < a_2 < \cdots < a_{n+1}$，如图 $2-5-3$ 所示，考虑数轴上坐标为 a_1，a_2，$\cdots$，a_{n+1} 的点，在 a_i 处对应放置质量为 C_n^{i-1}（$i = 1$，2，$\cdots$，$n+1$）的质点，由于 $a_{i+1} - a_i = d$，$C_n^i = C_n^{n-i}$（$i = 1$，2，$\cdots$，n），因此构成了均匀质点系，其重心就是线段 A，B 的中点，该点的坐标为 $\dfrac{a_1 + a_{n+1}}{2}$。

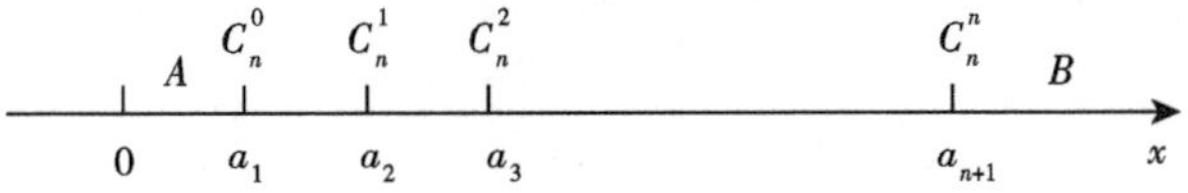

图 2 - 5 - 3

首先，重力矩 M 等于每个质点对原点 O 的重力矩之和，即

$$M = a_1 C_n^0 + a_2 C_n^1 + \cdots + a_{n+1} C_n^n。$$

另一方面，根据力学知识，整个质点系对 O 点的重力矩又等于质点系的重心处集中了整个质点系的质量后关于原点的力矩，即

$$M = (C_n^0 + C_n^1 + \cdots + C_n^n) \cdot \frac{a_1 + a_{n+1}}{2}$$

$$= 2^n \cdot \frac{(n+1)(a_1 + a_{n+1})}{(n+1) \times 2}$$

$$= 2^n \cdot \frac{S_{n+1}}{n+1}。$$

故可得结论：$a_1 C_n^0 + a_2 C_n^1 + a_3 C_n^2 + \cdots + a_{n+1} C_n^n = \dfrac{S_{n+1}}{n+1} \cdot 2^n$。

当 $d < 0$ 时，仅需改变数轴的正方向并同理可证。证毕。

例 3 计算 $C_n^0 + \dfrac{1}{2} C_n^1 + \dfrac{2}{3} C_n^2 + \cdots + \dfrac{k-1}{k} \cdot C_n^{k-1} + \cdots + \dfrac{n}{n+1} C_n^n$。

解 由组合数知识可知，$\dfrac{k}{k+1} C_n^k = \dfrac{k}{n+1} C_{n+1}^{k+1}$，故

原式 $= C_n^0 + \dfrac{1}{n+1} C_{n+1}^2 + \dfrac{2}{n+1} C_{n+1}^3 + \cdots + \dfrac{k-1}{k+1} \cdot C_{n+1}^k + \cdots + \dfrac{n}{n+1} C_{n+1}^{n+1}$

如图 2 - 5 - 4 所示，考虑数轴上坐标为 $-\dfrac{1}{n+1}$，0，$\dfrac{1}{n+1}$，$\dfrac{2}{n+1}$，$\cdots$

$\dfrac{n}{n+1}$ 的点，从左至右顺次放上质量为 C_{n+1}^0，C_{n+1}^1，C_{n+1}^2，$\cdots C_{n+1}^{n+1}$ 的质点，

易知该质点系的重心为坐标是 $\dfrac{n-1}{2(n+1)}$ 的点。

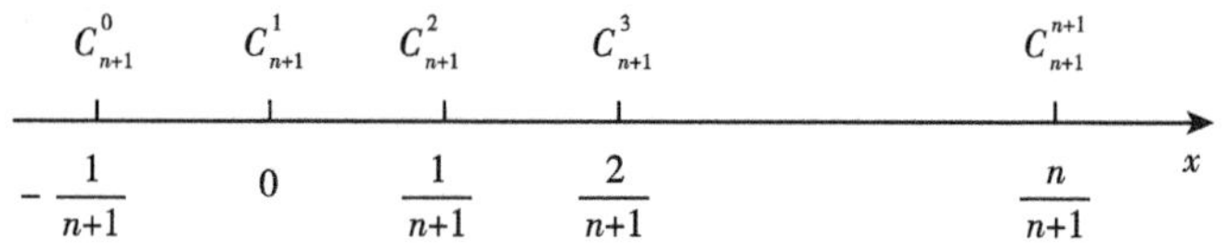

图 2 - 5 - 4

仿例 2 知，对原点 O 的重力矩

$$M = -\dfrac{1}{n+1} C_{n+1}^0 + 0 \cdot C_{n+1}^1 + \dfrac{1}{n+1} C_{n+1}^2 + \dfrac{2}{n+1} C_{n+1}^3 + \cdots + \dfrac{n}{n+1} C_{n+1}^{n+1}$$

$$= \dfrac{n-1}{2(n+1)} \cdot (C_{n+1}^0 + C_{n+1}^1 + \cdots + C_{n+1}^{n+1})$$

$$= \dfrac{n-1}{2(n+1)} \cdot 2^{n+1}$$

$$= \dfrac{n-1}{n+1} \cdot 2^n 。$$

故原式 $= C_n^0 + \dfrac{n-1}{n+1} \cdot 2^n + \dfrac{1}{n+1} C_{n+1}^0$

$$= 1 + \frac{1}{n+1} + \frac{n-1}{n+1} \cdot 2^n$$

$$= \frac{1}{n+1} \left[(n-1) \cdot 2^n + (n+2) \right] 。$$

用构造质点的方法，还可证得以下结论：

$$\sum_{k=1}^{n} k C_n^k = n \cdot 2^{n-1} ; \quad \sum_{k=1}^{n} k (C_n^k)^2 = \frac{(2n-1)!}{[(n-1)!]^2} ;$$

$$\sum_{k=1}^{n} \frac{1}{k} C_n^{k-1} = \frac{1}{n}(2^n - 1) ; \quad \sum_{k=1}^{n} k^2 C_n^k = n(n+1)2^{n-2} 。$$

请有兴趣的读者自行证明。

例 4 求 $\sum_{k=1}^{n} k^2(n-k+1)$ 的值。

解 若在 A_k ($k=1, 2, \cdots, n$) 处放置质量 $m_k = k(n-k+1)$ 的质点，且 A_k 的坐标为 k。

由 $m_k = m_{n-k+1}$，知系统重心在 $\frac{1}{2}(n+1)$ 处，又因

$$\sum_{k=1}^{n} k(n-k+1) = (n+1) \sum_{k=1}^{n} k - \sum_{k=1}^{n} k^2$$

$$= \frac{n(n+1)^2}{2} - \frac{n(n+1)(2n+1)}{6}$$

$$= \frac{1}{6} [n(n+1)(n+2)]$$

故 $\sum_{k=1}^{n} k^2(n-k+1) = \frac{1}{2}(n+1) \cdot \frac{1}{6} [n(n+1)(n+2)]$

$$= \frac{1}{12} [n(n+1)^2(n+2)] 。$$

特别地，$\sum_{k=1}^{n} k^3 = \sum_{k=1}^{n} (n+1)k^2 - \sum_{k=1}^{n} k^2(n-k+1)$

$$= \frac{1}{6} [n(n+1)^2(2n+1)] - \frac{1}{12} [n(n+1)^2(n+2)]$$

$$= \left[\frac{n(n+1)}{2} \right]^2 \text{。}$$

课后习题

1. 求等差数列 $1 + 2 + 3 + \cdots + n$ 的和（自然数求和公式）。

2. 已知 $\triangle ABC$ 中，$\angle C = 90°$，a，b，c 分别为 $\angle A$，$\angle B$，$\angle C$ 的对边，求证：勾股定理 $a^2 + b^2 = c^2$。（注：本题也可用完全弹性碰撞规律来证明。）

3. 设数列 $\{a_n\}$ 是首项为 a（$a > 0$），公差为 d 的等差数列。求证：

$$a_1 + 2a_2 + 3a_3 + \cdots + na_n = \frac{1}{6}n\,(n+1)\,\left[2nd + (3a - 2d) \right] \text{。}$$

当 $a = 1$，$d = 1$ 时，便是重要公式 $1^2 + 2^2 + 3^2 + \cdots + n^2 = \frac{1}{6}n\,(n+1)$ $(2n+1)$。

📖 **阅读与思考**

自然数求和与自然数平方和公式另解

我们知道数学中很多题目可以一题多解，由此我们可以马上想到如果用物理方法求解，那么其解法应该也不止一种。对于自然数求和与自然数平方和公式除了用力矩原理来求解外，还可以结合重力势能求解。具体解法见以下两个例子。

1. 求数列 $1 + 2 + 3 + \cdots + n$ 的和。

解 如图 $2 - 5 - 5$ 所示，在图左边是 $n + 1$ 个棱长是 1，质量为 1 的立方体。将一排正方体放在水平地面上，它们的重力势能为 $\frac{1}{2}$ $(n+1)$ g。

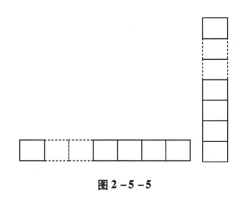

图 2 – 5 – 5

下面将平放在地面上的正方体叠放起来，如图 2 – 5 – 5 右边。此时，正方体组合具有的重力势能为 $\frac{1}{2}(n+1)^2 g$。从平放到叠放，增加的重力势能为 $\frac{1}{2}(n+1)^2 g - \frac{1}{2}(n+1)g = \frac{1}{2}n(n+1)g$。

另一方面，从单个正方体分析，第一个正方体的重力势能没有增加，第二个正方体的重力势能增加量为 $1 \cdot 1 \cdot g = g$，第三个正方体的重力势能增加量为 $1 \cdot 2 \cdot g = 2g$，…，第 $n+1$ 个正方体的重力势能增加量是 $1 \cdot n \cdot g = ng$。

所以，整体重力势能的增加量为 $(1 + 2 + 3 + \cdots + n)g$。

故 $(1 + 2 + 3 + \cdots + n)g = \frac{1}{2}n(n+1)g$，即 $(1 + 2 + 3 + \cdots + n) = \frac{1}{2}n(n+1)$。

2. 证明：$1^2 + 2^2 + 3^2 + \cdots + n^2 = \dfrac{n(n+1)(2n+1)}{6}$，$n \in \mathbf{N}^*$。

证　如图 2 – 5 – 6 所示，图中下面一排是棱长为 1，质量为 1 的正方体，从右到左共 $1 + 2 + 3 + \cdots + n = \dfrac{n(n+1)}{2}$ 个。这一排正方体放在水平面上具有的重力势能为 $\dfrac{n(n+1)}{4}g$。

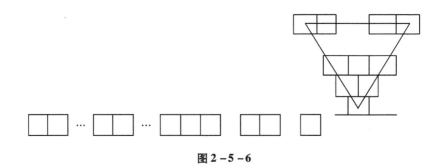

图 2 - 5 - 6

第一步，先将右边的一个正方体向上提起一个单位后悬在空中；第二步，将右数第二组两个正方体向上提起 2 个单位悬在空中；第三步，将右数的第三组的三个正方体向上提起 3 个单位悬在空中；…；第 n 步将最后左边的 n 个正方体向上提 n 个单位悬在空中。这样，这 $\dfrac{n(n+1)}{2}$ 个正方体在空中形成一个三角形组合，因为正三角形的重心在高的 $\dfrac{2}{3}$ 处，所以三角形组合的重心离地面的距离是 $\dfrac{2}{3}(n-1) + \dfrac{3}{2}$，这时三角形的组合具有的重力势能是 $\dfrac{n(n+1)}{2}\left[\dfrac{2}{3}(n-1) + \dfrac{3}{2}\right]g$，因而由平放到悬着的三角形组合变换过程中重力势能的增加量是

$$\frac{n\,(n+1)}{2}\left[\frac{2}{3}\,(n-1)\ +\frac{3}{2}\right]g - \frac{n\,(n+1)}{4}g = \frac{n\,(n+1)\,(2n+1)}{6}g \quad (1)$$

另一方面，从组来分析：第一组，1 个正方体从平放到悬在空中重力势能的增加量为 $1 \cdot 1 \cdot g = 1^2 \cdot g$；第二组，2 个正方体从平放到悬在空中重力势能的增加量为 $2 \cdot 2 \cdot g = 2^2 \cdot g$；…；最后一组，$n$ 个正方体从平放到悬在空中重力势能的增加量为 $n^2 \cdot g$。

所以，整体重力势能的增加量又可以是

$$1^2 \cdot g + 2^2 \cdot g + 3^2 \cdot g + \cdots + n^2 \cdot g \quad\quad\quad (2)$$

由（1）与（2）得

$$1^2 + 2^2 + 3^2 + \cdots + n^2 = \frac{n(n+1)(2n+1)}{6}。$$ 证毕。

按以上方法，若将题2中三角形组合整体向上再提一个单位，便可证得：

推论1 $1 \cdot 2 + 2 \cdot 3 + 3 \cdot 4 + \cdots + n(n+1) = \dfrac{n(n+1)(n+2)}{3}$，$n \in \mathbf{N}^*$。

若将三角形组合整体向上再提2个单位，便可证得：

推论2 $1 \cdot 3 + 2 \cdot 4 + 3 \cdot 5 + \cdots + n(n+2) = \dfrac{n(n+1)(2n+7)}{6}$，$n \in \mathbf{N}^*$。

依次类推，若将三角形组合整体向上再提 k 个单位，可得一个更一般的结论：

推论3 $1 \cdot k + 2(k+1) + \cdots + n(k+n-1) = \dfrac{n(n+1)(2n+3k-2)}{6}$，$n \in \mathbf{N}^*$。

若将例2中的三角形组合倒置过来可得：

推论4 $1 \cdot n + 2(n-1) + 3(n-2) + \cdots + n \cdot 1 = \dfrac{n(n+1)(n+2)}{6}$，$n \in \mathbf{N}^*$。

若将倒置三角形组合整体向上再提 k 个单位，可得：

推论5 $k \cdot n + (k+1)(n-1) + \cdots + (k+n-1) \cdot 1 = \dfrac{n(n+1)(n+3k-1)}{6}$，$n \in \mathbf{N}^*$。

由于笔者能力有限，故对于本书中的很多数学问题只提供了一种物理方法，目的在于抛砖引玉，读者可以继续探求新的方法。

第六节　证明重心定理

问题　证明三角形三条中线交于一点，且它到某顶点的距离与它到该顶点对边的距离之比为 $2:1$。

证　如图 $2-6-1$ 所示，在三角形 ABC 的三个顶点处各放一个单位质量的物体，根据杠杆原理可知 B，C 二点的重心在 D 点，即 BC 的中点，它的质量应为 2。设 AD 的重心为 G，则其质量为 3，由杠杆原理得，$AG:GD=2:1$。同样若设 BE，CF 的重心分别是 G_1，G_2，则 G_1，G_2 的质量亦均为 3，即 G_1，G_2 也是三角形的重心。因为重心是唯一的，所以 G，G_1，G_2 重合，$BG:GE=CG:GF=2:1$。证毕。

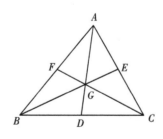

图 2 - 6 - 1

重心的另一种证法请参看第四章第二节。用这种方法不但可以求多边形的重心，也可以求空间立体的重心。请看下例。

例　如图 $2-6-2$ 所示，已知四面体 $ABCD$，设 G_1 为 $\triangle ACD$ 的重心，G_2 为 $\triangle BCD$ 的重心，G_3 为 $\triangle ABC$ 的重心，G_4 为 $\triangle ABD$ 的重心。

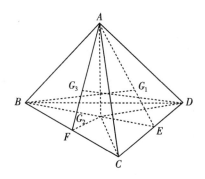

图 2 - 6 - 2

求证：AG_2，BG_1，DG_3，CG_4 四线交于一点 G。

证　在四面体 $ABCD$ 的四个顶点处各放一个质量为 1 的物体，分别用 $A（1）$、$B（1）$、$C（1）$、$D（1）$ 表示。因为 G_2 是三角形 BCD 的重心，所以 G_2 处的质量为 3，即 $G_2（3）$。根据杠杆原理知，$G_2（3）$ 与 $A（1）$ 的重心应在应在离 A 与 G_2 距离之比为 3 的位置，设为 G，则 G 为四面体 $ABCD$ 的重心。由重心的唯一性同理可证得，G 在 BG_1，DG_3，CG_4 上。所以 AG_2，BG_1，DG_3，CG_4 四线交于一点 G，且有

$$AG：GG_2 = BG：GG_1 = CG：GG_4 = DG：GG_3 = 3：1。$$ 证毕。

这可以视为平面几何中三角形重心定理的推广。

如果建立了坐标系，则质量组的重心又可用各质点的坐标来表示：

结论 1　若质点组 $\{A_1，A_2，\cdots，A_n\}$ 各质点的坐标分别为 $A_k（x_k，y_k，z_k）$，则质点组的重心坐标 $G（x_0，y_0，z_0）$ 满足以下结论：

$$x_0 = \frac{1}{n}\sum_{k=1}^{n} x_k, y_0 = \frac{1}{n}\sum_{k=1}^{n} y_k, z_0 = \frac{1}{n}\sum_{k=1}^{n} z_k。$$

结论 2　在一个没有重量的细棒上，坐标是 $a_1，a_2，\cdots，a_n$ 的点处系上重为 $p_1，p_2，\cdots，p_n$ 的重物，则系统的重心 G 坐标为

$$x_0 = \frac{a_1p_1 + a_2p_2 + \cdots + a_np_n}{p_1 + p_2 + \cdots + p_n}。$$

证 如图 $2-6-3$ 所示，设系统的重心 O 在 a_k 和 a_{k+1} 之间，则 a_{k+1}，$a_{k+2}, \cdots a_n$ 相对于 O 点的重力矩为 $M_1 = \sum_{j=k+1}^{n} p_j(a_j - x_0)$ ；$a_1, a_2, \cdots, a_k$ 相对于 O 点的重力矩为 $M_2 = \sum_{i=1}^{k} p_i(x_0 - a_i)$ 。

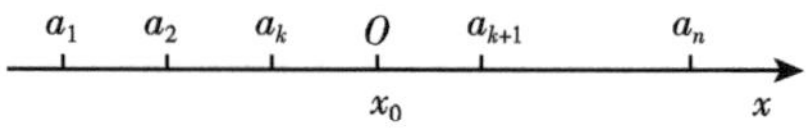

图 $2-6-3$

因为系统平衡，所以 $\sum_{i=1}^{k} p_i(x_0 - a_i) = \sum_{j=k+1}^{n} p_j(a_j - x_0)$ ，即 $(\sum_{j=1}^{n} p_j) x_0 = \sum_{i=1}^{n} p_i a_i$ ，故 $x_0 = \dfrac{a_1 p_1 + a_2 p_2 + \cdots + a_n p_n}{p_1 + p_2 + \cdots + p_n}$ 。证毕。

注 这个结论可推广到质量分布的连续情形：

$$x = \int x p(x) dx / \int p(x) dx$$

这里 $p(x)$ 是密度分布函数。

结论 1 和结论 2 将在下一章中得到应用。

课后习题

证明三角形三条高交于一点。（另一种证法请参看第四章第二节习题 2）

第三章

重心原理
在数学中的应用

物理学上的重心是物体各部分所受地球吸引力的等效作用点，若用支点在重心处支起物体，则物体处于平衡状态。将重心原理运用于数学问题中，可以简化复杂的运算与推理过程。

下面我们来看应用重心原理的几个例子。

例1 求值：

$$\sin\frac{2}{5}\pi + \sin\frac{4}{5}\pi + \sin\frac{6}{5}\pi + \sin\frac{8}{5}\pi。$$

解 注意到点 $A_k\left(\cos\frac{2k}{5}\pi,\ \sin\frac{2k}{5}\pi\right)$ （$k=1$，2，…，5）刚好把单位圆周五等分。顺次连接各分点，得正五边形（图 3 –1）。

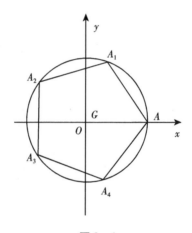

图 3 –1

设重心 G （x，y），则第二章第六节结论 1 得

$$y = \frac{\sin\frac{2}{5}\pi + \sin\frac{4}{5}\pi + \sin\frac{6}{5}\pi + \sin\frac{8}{5}\pi + \sin2\pi}{5}。$$

又因单位圆的内接正多边形的重心在原点 （0，0），所以

$$\sin\frac{2}{5}\pi + \sin\frac{4}{5}\pi + \sin\frac{6}{5}\pi + \sin\frac{8}{5}\pi + \sin2\pi = 0$$

即

$$\sin\frac{2}{5}\pi + \sin\frac{4}{5}\pi + \sin\frac{6}{5}\pi + \sin\frac{8}{5}\pi = 0。$$

若仔细研究本题的证法，不难得到下列等式：

$$\sum_{i=0}^{n-1} \cos \frac{2i}{n}\pi = 0, \sum_{i=0}^{n-1} \sin \frac{2i}{n}\pi = 0 。$$

例2 证明组合恒等式 $C_n^1 + 2C_n^2 + \cdots + nC_n^n = n \cdot 2^{n-1}$（$n \in \mathbf{N}^*$）。

证 考虑数轴上坐标为 0，1，2，$\cdots$，n 的点，一方面，以坐标 0 和 n 所对应的点为端点的线段的重心（即线段中点）坐标为 $\frac{n}{2}$；另一方面，考虑在以上每个坐标为 0，1，2，$\cdots$，n 所对应的点处分别挂一质量为 C_n^0，C_n^1，C_n^2，$\cdots$，C_n^n 的质点，由第二章第六节结论 2 可知重心坐标为 $\frac{C_n^1 + 2C_n^2 + \cdots + nC_n^n}{C_n^0 + C_n^1 + \cdots + C_n^n}$，而 $C_n^0 = C_n^n$，$C_n^1 = C_n^{n-1}$，$\cdots$，$C_n^m = C_n^{n-m}$（$m \in N$ 且 $m \leqslant n$），即在与两端等距离的点处所挂质点的质量相同，因而重心还在线段中点，所以 $\frac{n}{2} = \frac{C_n^1 + 2C_n^2 + \cdots + nC_n^n}{C_n^0 + C_n^1 + \cdots + C_n^n}$，即 $C_n^1 + 2C_n^2 + \cdots + nC_n^n = n \cdot 2^{n-1}$（$n \in \mathbf{N}^*$）。证毕。

例3 a，b，c 为正数，求证：$a^3 + b^3 + c^3 \geqslant 3abc$。

证 不妨设 $a \leqslant b \leqslant c$。首先，在数轴上标有 a，b，c 的位置放上质量分别为 a^2，b^2，c^2 的质点，则重心的位置为 $\frac{a \cdot a^2 + b \cdot b^2 + c \cdot c^2}{a^2 + b^2 + c^2}$，再在数轴上标有 a，b，c 的位置放上质量分别为 bc，ac，ab 的质点，则重心为 $\frac{a \cdot bc + b \cdot ac + c \cdot ab}{bc + ac + ab}$，因为前者的重心位于后者的重心的右侧（或重合），于是有 $\frac{a^3 + b^3 + c^3}{a^2 + b^2 + c^2} \geqslant \frac{3abc}{bc + ac + ab}$，即

$$a^3 + b^3 + c^3 \geqslant \frac{a^2 + b^2 + c^2}{bc + ac + ab} \cdot 3abc \geqslant 3abc 。 证毕。$$

例4 若 a，b，$c \in \mathbf{R}^+$ 且 $a + b + c = 1$，则 $\frac{1}{a} + \frac{1}{b} + \frac{1}{c} \geqslant 9$。

证　如图 3 - 2 所示，构造物理重心模型，作函数 $y = \dfrac{1}{x}$ 的图像（$x >$ 0），并在其上取三点 $A\left(a,\dfrac{1}{a}\right)$，$B\left(b,\dfrac{1}{b}\right)$，$C\left(c,\dfrac{1}{c}\right)$，在各点分别放置单位质量的质点，则其重心 G 的坐标为

$$\begin{cases} x_0 = \dfrac{1}{3}\ (a + b + c) \\ y_0 = \dfrac{1}{3}\ \left(\dfrac{1}{a} + \dfrac{1}{b} + \dfrac{1}{c}\right) \end{cases}。$$

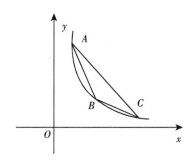

图 3 - 2

再由曲线的凹性可知，G 点在曲线的上侧，所以有 $y_0 \geqslant \dfrac{1}{x_0}$（$A$，$B$，$C$ 三点重合时，取等号），即 $\dfrac{1}{3}\ \left(\dfrac{1}{a} + \dfrac{1}{b} + \dfrac{1}{c}\right) \geqslant \dfrac{1}{\dfrac{1}{3}\ (a + b + c)}$。整理得

$$\dfrac{1}{a} + \dfrac{1}{b} + \dfrac{1}{c} \geqslant \dfrac{9}{a + b + c}。$$

又 $a + b + c = 1$，得 $\dfrac{1}{a} + \dfrac{1}{b} + \dfrac{1}{c} \geqslant 9$。证毕。

对此证法可以从四个方面引申推广。

（1）项数增多。当 $a_n > 0$（$n \in \mathbf{N}^*$），则 n 个质点 $A_1\left(a_1,\dfrac{1}{a_1}\right)$，

$A_2\left(a_2,\dfrac{1}{a_2}\right),\cdots,A_n\left(a_n,\dfrac{1}{a_n}\right)$ 的重心仍在曲线 $y=\dfrac{1}{x}$ 的上侧，同理可得

$$\frac{1}{a_1}+\frac{1}{a_2}+\cdots+\frac{1}{a_n}\geqslant\frac{n^2}{a_1+a_2+\cdots+a_n}。$$

（2）分子一般化。如果在 A_n 点处挂上质量为 m_n 的质点，则可得不等式：

$$\frac{m_1}{a_1}+\frac{m_2}{a_2}+\cdots+\frac{m_n}{a_n}\geqslant\frac{(m_1+m_2+\cdots+m_n)^2}{m_1a_1+m_2a_2+\cdots+m_na_n}。$$

（3）方幂的变化。如果取 $y=x^P$（$P<0$ 或 $P\geqslant1$）其图像仍是凹的，同理可得：

$$\frac{m_1}{a_1P}+\frac{m_2}{a_2P}+\cdots+\frac{m_n}{a_nP}\geqslant\frac{(m_1+m_2+\cdots+m_n)^{P+1}}{m_1a_1+m_2a_2+\cdots+m_na_n}。$$

（4）凹凸的变化。当 $0<P<1$ 时，曲线 $y=x^P$ 是凸的，这时重心应在曲线的下方，故只需把上面不等式的不等号反向即可。

例5 若 $x_1,x_2,\cdots,x_n$ 是 n（$\geqslant2$）个互不相等的正数，则有

$$\frac{1}{n}\sum_{k=1}^{n}\lg x_k<\lg\left(\frac{1}{n}\sum_{k=1}^{n}x_k\right)。$$

证 介于 $y=0$ 和 $y=\lg x$ 之间的图形是凸的（图 3-3），设曲线上横坐标为 $x_1,x_2,\cdots,x_n$ 的点 $A_1,A_2,\cdots,A_n$ 上都放置有单位质量上（这里先假设 $x_i\geqslant1$，$i=1,2,\cdots,n$），则质点组重心 G 的坐标为

$$\begin{cases}x_0=\dfrac{1}{n}\displaystyle\sum_{k=1}^{n}x_k\\[2mm]y_0=\dfrac{1}{n}\displaystyle\sum_{k=1}^{n}y_k=\dfrac{1}{n}\displaystyle\sum_{k=1}^{n}\lg x_k\end{cases}。$$

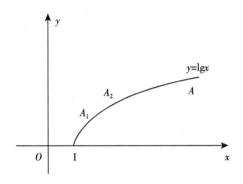

图 3 – 3

再由曲线的凸性可知，G 点在曲线的下侧，所以有 $y_0 < \lg x_k$，即

$$\frac{1}{n}\sum_{k=1}^{n}\lg x_k < \lg\left(\frac{1}{n}\sum_{k=1}^{n}x_k\right)。$$

若有 $x_i < 1$，则只需取 k 使 $kx_i > 1$（$i = 1, 2, \cdots, n$），便可化为上述情况，结论也成立（请读者完成）。证毕。

注　由对数的性质及本例的结论可知，若 $x_1, x_2, \cdots, x_n$ 是互不相等的正数，则有

（1）$\left(\prod_{k=1}^{n}x_k\right)^{\frac{1}{n}} < \frac{1}{n}\sum_{k=1}^{n}x_k$（柯西不等式）；

（2）$\left(\prod_{k=1}^{n}x_k^{m_k}\right)^{\frac{1}{M}} < \frac{1}{M}\sum_{k=1}^{n}m_k x_k$，这里 $M = \sum_{k=1}^{n}m_k$。

课后习题

1. a，b，c 为正数，求证：$a^4 + b^4 + c^4 \geqslant a^2 bc + b^2 ac + c^2 ab$。

2. 若 $0 < x_1, x_2, \cdots, x_n < \dfrac{\pi}{2}$，且它们互不相等，则

$$\frac{2}{n\pi}\sum_{k=1}^{n}x_k < \frac{1}{n}\sum_{k=1}^{n}\sin x_k < \sin\left(\frac{1}{n}\sum_{k=1}^{n}x_k\right)。$$

第四章

力系平衡原理
在数学中的应用

　　提到力，我们自然想到它的三个要素：方向、大小和作用点。这样力可以用带箭头的线段表示，换句话说：力是矢量（向量）。

　　在物理中，我们也用力的平行四边形法则来对力进行合成。当力系（即作用于同一物体的若干个力）处于平衡状态时，力系合力为零，即 $\sum\limits_{i=1}^{n} \vec{F_i} = \vec{0}$。运用力系平衡原理可以解决、解释某些数学问题、数学现象。早在两千多年以前，古希腊学者阿基米德就曾用物体的平衡定律来解一些几何问题。

第一节　力的合成与分解

力的合成与分解互为逆运算，都符合平行四边形法则。

问题　一正方形 $ABCD$ 所在平面与水平面重合，现以 AD 为轴向上转动，使 AB 边与水平面夹角为 θ，再以 AB 边为轴向上转动使边 AD 与水平面夹角也为 θ，则正方形 $ABCD$ 转动后其所在平面与水平面夹角为多少？

解　设想正方形 $ABCD$ 为一薄木板，将质量为 M 的小木块 P 置于其中心，在正方形 $ABCD$ 发生上述转动的过程中小木块 P 始终未动，则由力的合成与分解知识不难求出转动后小木块 P 所受的静摩擦力为 $f = \sqrt{2}mg\sin\theta$，此时正方形 $ABCD$ 与水平面夹角为 α，则有 $f = mg\sin\alpha$，所以由 $\sqrt{2}mg\sin\theta = mg\sin\alpha$，得 $\alpha = \arcsin(\sqrt{2}\sin\theta)$。

例1　设三个不为零的复数 Z_1, Z_2, Z_3 满足条件 $Z_1 + Z_2 + Z_3 = 0$，且 $|Z_1| = |Z_2| = |Z_3|$。试判断它们对应点 Z_1, Z_2, Z_3 是一个什么形状三角形的三个顶点。

分析　本题是道数学复数题，如果想到用物理学力的矢量性来求解，不但可以加深数学与物理之间的联系，还可以扩展解题思路和方法。

解　把复数 Z_1, Z_2, Z_3 看作力 $\overrightarrow{F_1}, \overrightarrow{F_2}, \overrightarrow{F_3}$，由于模 $|Z_1| = |Z_2| = |Z_3|$，则力的大小 $|\overrightarrow{F_1}| = |\overrightarrow{F_2}| = |\overrightarrow{F_3}|$，由 $Z_1 + Z_2 + Z_3 = 0$ 可知合力 $\overrightarrow{F_1} + \overrightarrow{F_2} + \overrightarrow{F_3} = 0$。

由力的合成与分解，我们知道：三个大小相等的力作用于一个质点，若该质点保持平衡状态，可判断三个力之间的夹角均为120°，从而得出三个点就是一个等边三角形的三个顶点，得解。

由于力是向量，而有关向量问题中的一些结论和方法，常常可以作为解决某些数学问题的手段。因此对这些问题，我们从力学角度去理解和考虑也未尝不可。比如，证明正弦定理。

例2　证明正弦定理。

分析　我们可以把封闭向量看作平衡力系，则其在任意轴上的投影之和为0。由此可以证明正弦定理。

证　因为封闭向量在任意轴上的投影之和为0，如图4－1－1所示，则 $\overrightarrow{a},\overrightarrow{b}$ 在 l（它与 AB 垂直）上的投影也为0。

即　$|\overrightarrow{b}|\sin A - |\overrightarrow{a}|\sin B = 0$

故　$\dfrac{|\overrightarrow{a}|}{\sin A} = \dfrac{|\overrightarrow{b}|}{\sin B}$ ，

类似地，可得　$\dfrac{|\overrightarrow{a}|}{\sin A} = \dfrac{|\overrightarrow{c}|}{\sin C}$ ，

所以　$\dfrac{|\overrightarrow{a}|}{\sin A} = \dfrac{|\overrightarrow{b}|}{\sin B} = \dfrac{|\overrightarrow{c}|}{\sin C}$ 。证毕。

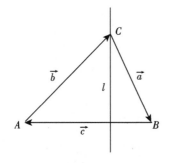

图4－1－1

向量方法可视为力学方法的推广和数学化。

课后习题

1. 如图 4－1－2 所示，已知正六边形 $P_1P_2P_3P_4P_5P_6$ ，下列向量的数量积中最大的是（　　）

A. $\overrightarrow{P_1P_2} \cdot \overrightarrow{P_1P_3}$

B. $\overrightarrow{P_1P_2} \cdot \overrightarrow{P_1P_4}$

C. $\overrightarrow{P_1P_2} \cdot \overrightarrow{P_1P_5}$

D. $\overrightarrow{P_1P_2} \cdot \overrightarrow{P_1P_6}$

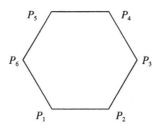

图 4－1－2

2. 证明椭圆两焦点与椭圆上任一点的连线与过该点的切线的锐夹角相等。

第二节 三力汇交原理和共线原理

三力汇交原理讲的是当物体受到同平面内不平行的三力作用而平衡时，三力的作用线必汇交于一点，且合力为零。

如费马问题：在锐角 $\triangle ABC$ 内找一点 P，使其到三顶点的距离之和为最短。首先考虑此点是否存在，用数学方法不好得出结论。但若用三力汇交原理设想，此点一定存在，且这一点到三顶点连线的夹角为120°（即对每条边的视角为120°）。因为作用在这一点的三个相对的力要平衡，那么，它们的合力为零，三个力各指向这一点和三角形三顶点连线的方向，且三者互相夹角为120°。这为我们指出了答案，然后我们再设法用数学证明。

我们先用三力汇交原理来解一些数学问题。

问题 设 O 为 $\triangle ABC$ 所在平面上的任意一点，连接 AO, BO, CO 分别与邻边相交成角 $\alpha, \alpha', \beta, \beta', \gamma, \gamma'$（图 4 – 2 – 1），则 $\dfrac{\sin\alpha}{\sin\alpha'} \cdot \dfrac{\sin\beta}{\sin\beta'} \cdot \dfrac{\sin\gamma}{\sin\gamma'} = 1$。

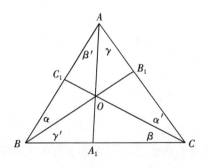

图 4 – 2 – 1

证 我们可以选择力 $\overrightarrow{F_1},\overrightarrow{F'}_3$（图 4 - 2 - 2），使其合力在 BB_1 上；选择

力 $\overrightarrow{F'_1},\overrightarrow{F_2}$ 使其合力在 CC_1 上，且 $\overrightarrow{F_1} = -\overrightarrow{F'_1}$，这样便有 $\dfrac{\sin\alpha}{\sin\gamma'} = \dfrac{F_1}{F'_3}$，

$\dfrac{\sin\beta}{\sin\alpha'} = \dfrac{F_2}{F'_1}$。

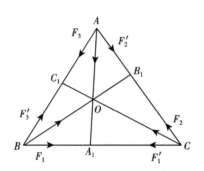

图 4 - 2 - 2

再在 A 处选 $\overrightarrow{F_3} = -\overrightarrow{F'_3}$，$\overrightarrow{F'_2} = -\overrightarrow{F_2}$，显然整个力系合力为零，即力系

平衡。因而 $\overrightarrow{F'_2},\overrightarrow{F_3}$ 的合力作用线应通过 BB_1,CC_1 的交点 O，即通过 AA_1

（因为 BB_1,CC_1,AA_1 共点于 O），所以 $\dfrac{\sin\gamma}{\sin\beta'} = \dfrac{F_3}{F'_2}$。

从而 $\dfrac{\sin\alpha}{\sin\alpha'} \cdot \dfrac{\sin\beta}{\sin\beta'} \cdot \dfrac{\sin\gamma}{\sin\gamma'} = \dfrac{F_1}{F'_3} \cdot \dfrac{F_2}{F'_1} \cdot \dfrac{F_3}{F'_2} = \dfrac{F_1}{F_3} \cdot \dfrac{F_2}{F_1} \cdot \dfrac{F_3}{F_2} = 1$。证毕。

这也是赛瓦定理的另一种形式，它与第二章第三节所讲的赛瓦定理是
等价的。

三角形中较常用的是"四心"：内心、外心、重心和垂心。下面用三
力汇交原理来求证。先来证内心。

例 1 证明三角形的三条角平分线交于一点——内心。

证 如图 4 - 2 - 3 所示，在三角形的每条边上都加上一对等大反向的
力，则三角形处于受力平衡状态。若让各个力的大小都相同，则各个顶点
的两个力的合力应在该角的角平分线上；由于三角形受力平衡，三角形所

受的合力之和为零，故根据三力汇交原理，三顶角的合力必相交于一点，即三条角平分线交于一点——内心。证毕。

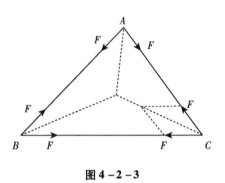

图 4 - 2 - 3

下面我们再来证重心。

例2 证明三角形的三条中线交于一点——重心。

证 如图 4 - 2 - 4 所示，设想在三角形的各个顶点都作用有两个与对应边重合而大小与该边边长成正比的共点力，则每条边上均二力平衡。那么三角形处于平衡状态。

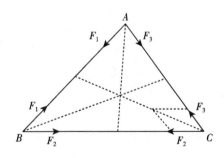

图 4 - 2 - 4

对各个顶点的两个力求合力，以顶点 C 为例，由力的平行四边形定则可知，合力过对边中点，即三个顶点的合力的作用线与三角形的中线重合。而三角形处于平衡状态，三个顶点的合力之和为零，根据三力汇交原理有：三顶点的合力作用线必交于一点，也就是三角形的三条中线交于一点——重心。证毕。

外心和垂心的证明，请读者试着完成，参看课后习题 2，3。

下面我们来看共线原理：若平面上的若干力构成的力系有一个不为零的单纯合力 $\vec{F}$，且合力 $\vec{F}$ 通过点 $P_1, P_2, P_3, \cdots$，则点 $P_1, P_2, P_3, \cdots$ 共线，即在合力 $\vec{F}$ 的作用线上。

问题 在 $\triangle ABC$ 中，$\angle BAC$ 和 $\angle ACB$ 的平分线 AD，CF 分别交对边于点 D 和 F，$\angle ABC$ 的外角平分线交对边的延长线于点 E，求证：D，E，F 三点共线。

证 如图 $4-2-5$ 所示，作三个单位力 $\vec{a}$，$\vec{b}$，$\vec{c}$。则力 $\vec{b}$，$\vec{c}$ 的合力的作用线在直线 AD 上，所以 $\vec{a}$，$\vec{b}$，$\vec{c}$ 三力的合力 $\vec{F}$ 的作用线必通过 AD 与 BC 的交点 D。同理，$\vec{F}$ 的作用线也必通过点 E 和点 F。又易知 $\vec{F}$ 不为零，故由共线原理知，D，E，F 三点共线。证毕。

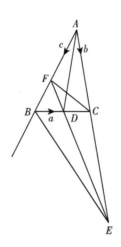

图 $4-2-5$

课后习题

1. 设平面向量 $\vec{a_1}$，$\vec{a_2}$，$\vec{a_3}$ 的和为 0，即 $\vec{a_1}+\vec{a_2}+\vec{a_3}=\vec{0}$，如果平面向量 $\vec{b_1}$，$\vec{b_2}$，$\vec{b_3}$ 满足 $|\vec{b_i}|=2|\vec{a_i}|$，且将 $\vec{a_i}$ 顺时针旋转30°与 $\vec{b_i}$ 同向，其中 $i=1$，2，3。则（　　）

A. $-\vec{b_1}+\vec{b_2}+\vec{b_3}=\vec{0}$

B. $\vec{b_1}-\vec{b_2}+\vec{b_3}=\vec{0}$

C. $\vec{b_1}+\vec{b_2}-\vec{b_3}=\vec{0}$

D. $\vec{b_1}+\vec{b_2}+\vec{b_3}=\vec{0}$

2. 证明三角形三条边的垂直平分线交于一点——外心。

3. 证明三角形的三条高交于一点——垂心。

4. 求证：三角形两内角平分线与对边的交点和第三角外角平分线与对边的交点共线（图4-2-6）。

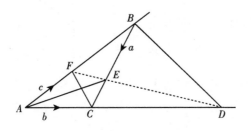

图4-2-6

第三节 求解一类三角问题

我们知道在力学中有这样一个结论：大小一样，终端分布在正 n 边形 n 个顶点上且共点于正多边形中心的力系，其合力为零。运用这个结论，我们可以求解一些三角问题。

问题 求证：三角函数和 $\displaystyle\sum_{k=0}^{n-1}\cos\frac{2k\pi}{n}=0$，$\displaystyle\sum_{k=0}^{n-1}\sin\frac{2k\pi}{n}=0$。

证 如图 4 - 3 - 1 所示，设 $\vec{f}_k$ $(k=1,2,3,\cdots,n)$ 是大小为 1，终端分布在正 n 边形 n 个顶点上且共点于多边形中心 O 的同面共点力系，且 $\vec{f}_1$ 与 x 轴的正方向重合。由上述结论知 $\displaystyle\sum_{i=1}^{n}\vec{f}_i=0$，于是该力系在 x 轴及 y 轴方向

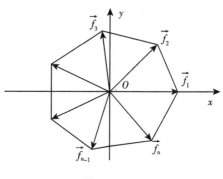

图 4 - 3 - 1

的分合力也均为零（即该力系中各力在此两方向上的投影和为零）。而 $\cos\dfrac{2k\pi}{n}$，$\sin\dfrac{2k\pi}{n}$ $(k=0,1,2,\cdots,n-1)$ 正是该力系各力在 x 轴和 y 轴上的投影。

故 $\displaystyle\sum_{k=0}^{n-1}\cos\frac{2k\pi}{n}=0$，$\displaystyle\sum_{k=0}^{n-1}\sin\frac{2k\pi}{n}=0$，证毕。

此问题也可用重心原理解决，请参看第三章例1。

推论1　设想把每一个力同时在坐标系中同方向旋转一个角度 θ（可正可负），还可以得到：

$$\sum_{k=0}^{n-1} \cos\left(\alpha + \frac{2k\pi}{n}\right) = 0 , \quad \sum_{k=0}^{n-1} \sin\left(\alpha + \frac{2k\pi}{n}\right) = 0 。$$

例1　求证：$\cos\dfrac{2\pi}{7} + \cos\dfrac{4\pi}{7} + \cos\dfrac{6\pi}{7} = -\dfrac{1}{2}$。

证　在本书问题的推论中令 $n = 7$，有 $\displaystyle\sum_{k=0}^{6} \cos\dfrac{2k\pi}{7} = 0$。由图 $4-3-1$ 中的对称性有 $1 + 2\cos\dfrac{2\pi}{7} + 2\cos\dfrac{4\pi}{7} + 2\cos\dfrac{6\pi}{7} = 0$。

故　$\cos\dfrac{2\pi}{7} + \cos\dfrac{4\pi}{7} + \cos\dfrac{6\pi}{7} = -\dfrac{1}{2}$。证毕。

此推论可稍加推广为 $\displaystyle\sum_{k=1}^{n} \cos\dfrac{2k}{2n+1}\pi = -\dfrac{1}{2}$。

下面我们再看一个例子。

例2　求证：$\cos 5° + \cos 77° + \cos 149° + \cos 221° + \cos 293° = 0$。

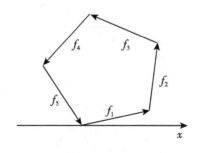

图 $4-3-2$

证　注意到 $5°$，$77°$，$149°$，$221°$，$293°$ 组成一公差为 $72°$ 的等差数列，在平面内作大小为1的封闭力系 $\vec{f_1}$，$\vec{f_2}$，$\vec{f_3}$，$\vec{f_4}$，$\vec{f_5}$（图 $4-3-2$），它们与 x 轴正向夹角分别为 $5°$，$77°$，$149°$，$221°$，$293°$。

由力学知识可得，合力 $\vec{F} = \vec{f_1} + \vec{f_2} + \vec{f_3} + \vec{f_4} + \vec{f_5} = \vec{0}$ 。

故它们在 x 轴上的投影之和亦为零。

即 $\cos 5° + \cos 77° + \cos 149° + \cos 221° + \cos 293° = 0$ 证毕。

此题也可令推论 1 中的 $\alpha = 5°, n = 5$ ，直接得原式 $= 0$ 。

例 3 证明：$\displaystyle\sum_{k=1}^{2n-1} \cos \frac{k\pi}{n} = -1$ ，$\displaystyle\sum_{k=1}^{2n-1} \sin \frac{k\pi}{n} = 0$ 。

证 设有 $2n$ 个大小为 1 的平面共点力，即 $|\vec{F_i}| = 1$（$i = 1, 2, 3, \cdots,$

$2n$），且使任意两个相邻力之间的夹角为 $\varphi = \dfrac{2\pi}{2n} = \dfrac{\pi}{n}$ 。如图 $4-3-3$ 建

立共点力系，使 x 轴的正方向与 $\vec{F_1}$ 的夹角恰好为 φ ，原点在共点处，这样

$\vec{F_{2n}}$ 与 x 轴的正方向相重合。易知这个共点力系处于平衡状态，故该力系在

x 轴及 y 轴方向的分合力均为零。

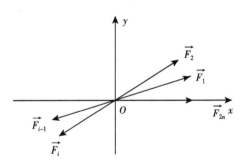

图 $4-3-3$

即 $\cos \dfrac{\pi}{n} + \cos \dfrac{2\pi}{n} + \cos \dfrac{3\pi}{n} + \cdots + \cos \dfrac{2n-1}{n}\pi + \cos 2\pi = 0$ ；

$\sin \dfrac{\pi}{n} + \sin \dfrac{2\pi}{n} + \sin \dfrac{3\pi}{n} + \cdots + \sin \dfrac{2n-1}{n}\pi + \sin 2\pi = 0$ 。

于是有 $\displaystyle\sum_{k=1}^{2n-1} \cos \frac{k\pi}{n} = -1$ ，$\displaystyle\sum_{k=1}^{2n-1} \sin \frac{k\pi}{n} = 0$ 。证毕。

对于 $\displaystyle\sum_{k=1}^{2n-1}\cos\frac{k\pi}{n}=-1$ ，由 $\cos\alpha=\cos(2\pi-\alpha)$ 知 $\cos\dfrac{k\pi}{n}=\cos\dfrac{(2n-k)\pi}{n}$

$(k=1,\,2,\,\cdots,\,n)$。故有 $2\left(\cos\dfrac{\pi}{n}+\cos\dfrac{2\pi}{n}+\cdots+\cos\dfrac{(n-1)\pi}{n}\right)+\cos\pi=-$

1，而 $\cos\pi=-1$ ，所以 $\displaystyle\sum_{k=1}^{n-1}\cos\frac{k\pi}{n}=0$ 及 $\displaystyle\sum_{k=0}^{n}\cos\frac{k\pi}{n}=0$。

利用力系平衡原理，我们还可以求一些特殊三角函数值。

例 4 求 $\sin 18°$ 的值。

解 考虑如图 4 – 3 – 4 所示的单位力系：

$\{O;\ \vec{f}_1,\ \vec{f}_2,\ \vec{f}_3,\ \vec{f}_4,\ \vec{f}_5\}$ 合力为零，故它们在 x 轴方向投影和为

零，即

$$f_1+f_2\cos 72°+f_5\cos 72°-f_3\cos 36°-f_4\cos 36°=0。$$

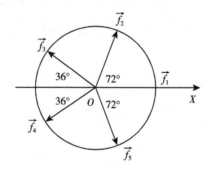

图 4 – 3 – 4

从而 $1+2\cos 72°-2\cos 36°=0$。

将 $\cos 72°=\sin 18°$，$\cos 36°=1-2\sin^2 18°$ 代入上式有 $4\sin^2 18°+$

$2\sin 18°-1=0$，解得 $\sin 18°=\dfrac{\sqrt{5}-1}{4}$（负值舍去）。

以下为有关上述运算的一种数学解法。

$\cos 36°-\sin 18°=\cos 36°-\cos 72°=\cos(54°-18°)-\cos$

$(54°+18°)$

$$= （\cos 54°\cos 18° + \sin 54°\sin 18°） - （\cos 54°\cos 18° - \sin 54°\sin 18°）$$

$$= 2\sin 54°\sin 18° = 2\cos 36°\sin 18° = \frac{2\cos 36°\sin 18°\cos 18°}{\cos 18°}$$

$$= \frac{\cos 36°\sin 36°}{\cos 18°} = \frac{2\cos 36°\sin 36°}{2\cos 18°} = \frac{\sin 72°}{2\cos 18°} = \frac{1}{2}$$

将 $\cos 36° = 1 - 2\sin^2 18°$ 代入便可得 $\sin 18°$ 的值。

课后习题

1. 求下列各三角函数式的值：

（1） $\cos 7° + \cos 79° + \cos 151° + \cos 223° + \cos 295°$；

（2） $\cos \dfrac{\pi}{7} + \cos \dfrac{2\pi}{7} + \cos \dfrac{3\pi}{7} + \cos \dfrac{4\pi}{7} + \cos \dfrac{5\pi}{7} + \cos \dfrac{6\pi}{7} + \cos\pi$。

2. 试证 $1 + \cos \dfrac{2\pi}{7} + \cos \dfrac{4\pi}{7} + \cos \dfrac{6\pi}{7} + \cos \dfrac{8\pi}{7} + \cos \dfrac{10\pi}{7} + \cos \dfrac{12\pi}{7} = 0$。

3. 求证：$\cos \dfrac{\pi}{7} - \cos \dfrac{2\pi}{7} + \cos \dfrac{3\pi}{7} = \dfrac{1}{2}$。$\left(可推广为 \displaystyle\sum_{k=0}^{n-1} \cos \dfrac{2k+1}{2n+1}\pi = \dfrac{1}{2} \right)$

4. 证明：（1） $\cos \dfrac{2\pi}{2n+1} + \cos \dfrac{4\pi}{2n+1} + \cdots + \cos \dfrac{2n\pi}{2n+1} = -\dfrac{1}{2}$；

（2） $\sin \dfrac{2\pi}{2n+1} + \sin \dfrac{4\pi}{2n+1} + \sin \dfrac{6\pi}{2n+1} + \cdots + \sin \dfrac{4n\pi}{2n+1} = 0$。

5. 求值 $\cos \left(\dfrac{2k\pi}{n} + \alpha \right) + \cos \left(\dfrac{4k\pi}{n} + \alpha \right) + \cdots + \cos \left(\dfrac{2k(n-1)\pi}{n} + \alpha \right) (k \in z)$。

第五章

刚性变换与压缩变换
在数学中的应用

　　在冬天，由于天气寒冷你们会感觉到自己的身体不自主地缩小一点，有的动物躺下时会把身体缩成一团，这是因为这样做可以减少身体表面热量的损失。在平面几何中，我们知道在周长一定的条件下，封闭曲线圆的面积最大；在立体几何中，我们也知道在体积一定的几何体中球的表面积最小。在物理学中，在表面张力的作用下，液体有力求使表面积达到最小的趋势，如水银流到地面上，雨点打到荷叶上都会呈球形。由此可以感到物理现象不仅为我们提出数学问题，也为我们理解数学概念提供帮助。

第一节　刚性变换

所谓刚体，是指在空间移动时形状大小不改变的物体。它的某些性质可以巧妙地用来处理一些数学问题。下面我们举几个例子。

例1　如图 $5-1-1$ 所示，正三棱锥 $S-ABC$ 中，$SA=1$，$\angle ASB=30°$，过 A 作三棱锥的截面 AMN，求截面 AMN 周长的最小值。

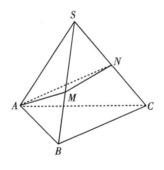

图 $5-1-1$

分析　利用线段的刚性可以巧妙地解决该问题。

解　沿棱 SA，AB，AC 剪开，将三棱锥展开铺平后得图 $5-1-2$。此时 $l_{\triangle AMN}=A_1M+MN+NA_2$。

由图易知，$SA_1=SB=SC=SA_2=1$，

$\angle A_1SA_2=\angle A_1SB+\angle BSC+\angle CSA_2=30°+30°+30°=90°$。

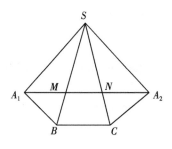

图 5 - 1 - 2

故 $\triangle SA_1A_2$ 为等腰直角三角形，当 M，N 在线段 A_1A_2 上时，截面 AMN 的周长最小，为 $\sqrt{2}$。

例2　设 P 为正 $\triangle ABC$ 内任一点，它到三顶点 A，B，C 的距离分别是 a，b，c，试证：$S_{\triangle ABC} = \dfrac{\sqrt{3}}{8}(a^2 + b^2 + c^2) + \dfrac{3}{2}\sqrt{p(p-a)(p-b)(p-c)}$，其中 $p = \dfrac{(a+b+c)}{2}$。

证　如图 5 - 1 - 3 所示，把 $\triangle ABP$，$\triangle CAP$，$\triangle CBP$ 均视为刚体，将 $\triangle ABP$ 绕点 A 顺时针旋转 $60°$ 至 $\triangle ACE$ 的位置，将 $\triangle CAP$ 绕点 C 顺时针旋转 $60°$ 至 $\triangle CBD$ 的位置，将 $\triangle BCP$ 绕点 B 顺时针旋转 $60°$ 至 $\triangle BAF$ 的位置，则 $S_{AECDBF} = 2S_{ABC}$。

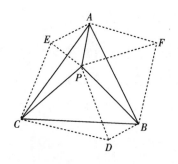

图 5 - 1 - 3

连 PD，PE，PF，易证△$PDB \cong$ △$FAP \cong$ △CPE，且每个三角形三边分别为 a，b，c，又△AEP，△BPF，△PCD 都是等边三角形，它们的边长分别为 a，b，c。

上述六个小三角形的面积之和与 S_{AECDBF} 相等，因而

$$S_{AECDBF} = 3 \sqrt{p(p-a)(p-b)(p-c)} + \frac{\sqrt{3}}{4}(a^2 + b^2 + c^2)，这里$$

$p = \dfrac{(a+b+c)}{2}$。

从而 $S_{\triangle ABC} = \dfrac{1}{2}S_{AECDBF} = \dfrac{\sqrt{3}}{8}(a^2 + b^2 + c^2) + \dfrac{3}{2}\sqrt{p(p-a)(p-b)(p-c)}$。

证毕。

例3 如图 5 - 1 - 4 所示，在△ABC 和△PQR 中，各线段的长如图所示，且在△ABC 中，$\angle ADB = \angle BDC = \angle CDA = 120°$，试证：$x = u + v + w$。

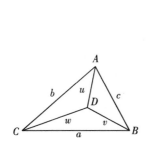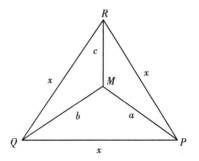

图 5 - 1 - 4

证 如图 5 - 1 - 5 所示，将△BCD 绕点 B 逆时针旋转60°到△BFE，则△BDE 和△BCF 均为等边三角形，所以 $DE = v$，$EF = w$，$CF = BF = a$，且 $\angle ADE = \angle DEF = 120° + 60° = 180°$，则 A，D，E，F 共线。同时，$AF = u + v + w$。

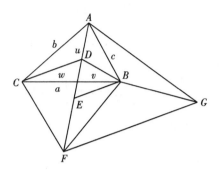

图 5 - 1 - 5

以 AF 为一边作正 $\triangle AFG$，可证明 $\triangle BFG \cong \triangle CFA$，所以 $BG = AC = b$。

则 $\triangle AFG$ 即为 $\triangle RPQ$，即 $x = u + v + w$。证毕。

例 4　已知六边形 $ABCDEF$ 中，$\angle A = \angle C = \angle E = 120°$，又 $AB = AF$，$CB = CD$，$ED = EF$。试证 $\triangle ACE$ 为正三角形。

证　如图 5 - 1 - 6 所示，将 $\triangle FAE$ 视为刚体而顺时针绕 A 旋转 $120°$，AF 与 AB 重合而至 $\triangle ABG$ 处，连 CG。

因为 $\angle A = \angle C = \angle E = 120°$，所以 $\angle D + \angle F + \angle B = 4 \times 180° - 3 \times 120° = 360°$，又 $DE = EF = BG$，$DC = BC$，故若再将 $\triangle DEC$ 视为刚体绕 C 逆时针旋转 $120°$ 恰为 $\triangle BGC$ 的位置。

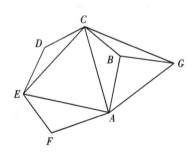

图 5 - 1 - 6

由 $AE = AG$，$EC = CG$，$AC = CA$ 知 $\triangle ACE \cong \triangle ACG$。故有

$$\angle EAC = \angle CAG = \frac{1}{2}\angle EAG = \frac{1}{2} \cdot 120° = 60°,$$

$$\angle ECA = \angle ACG = \frac{1}{2}\angle ECG = \frac{1}{2} \cdot 120° = 60°。$$

所以 $\triangle ACE$ 为正三角形。证毕。

下面我们利用旋转变换来解一个著名的极值问题——费马问题。

问题 （费马问题）在 $\triangle ABC$ 内是否存在一点 P（费马点），使其到三顶点的距离之和为最短？

解 （1）当三个内角均小于120°时，如图 5－1－7 所示，把 $\triangle APC$ 绕 A 点逆时针旋转60°得到 $\triangle AP'C'$，连接 PP'。则 $\triangle APP'$ 为等边三角形，$AP = PP'$，又 $P'C' = PC$，所以 $PA + PB + PC = PP' + PB + P'C'$。点 C' 可看成是线段 AC 绕 A 点逆时针旋转60°而得的定点，BC' 为定长，所以当 B，P，P'，C' 四点在同一直线上时（图 5－1－8），$PA + PB + PC$ 最小。这时

$$\angle BPA = 180° - \angle APP' = 180° - 60° = 120°,$$

$$\angle APC = \angle AP'C' = 180° - \angle AP'P = 180° - 60° = 120°,$$

$$\angle BPC = 360° - \angle BPA - \angle APC = 360° - 120° - 120° = 120°。$$

因此，费马点存在，且这一点到三顶点连线的夹角均为120°（即对每条边的视角均为120°）。

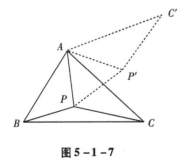

图 5－1－7

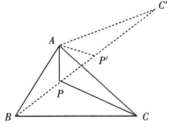

图 5－1－8

（2）当有一个内角大于或等于120°时，如图5-1-9所示，对三角形内任一点 P，延长 BA 至 C' 使得 $AC = AC'$，作 $\angle C'AP' = \angle CAP$，并且使得 $AP' = AP$，$P'C' = PC$（上述过程其实是把 $\triangle APC$ 以 A 为中心作旋转，使得 B，A，C' 在同一直线上）。则 $\triangle APC \cong \triangle AP'C'$。

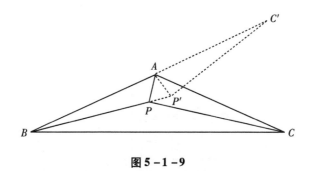

图 5 - 1 - 9

$\because \angle BAC \geqslant 120°$，$\therefore \angle PAP' = 180° - \angle BAP - \angle C'AP' = 180° - \angle BAP - \angle CAP = 180° - \angle BAC \leqslant 60°$。$\therefore$ 等腰 $\triangle PAP'$ 中，$AP \geqslant PP'$。

$\therefore PA + PB + PC \geqslant PP' + PB + P'C' > BC' = AB + AC$，所以 A 即费马点。

综上，费马问题的结论为：对于一个各角不超过120°的三角形，费马点是对各边的张角都是120°的点；对于有一个角超过120°的三角形，费马点就是这个钝角的顶点。

本题旋转 $\triangle APB$，$\triangle BPC$ 也可以，但都必须绕着定点旋转，读者不妨一试。

在本题中，作出费马点是不成问题的，只需作正 $\triangle ACC'$ 的外接圆，它与 BC' 的交点 P 即为所求。当然也可以直接以三角形任两边为长向形外作两等边三角形，它们的外接圆交点 P 即为所求。

下面我们看一个与费马问题有关的问题。

例 5　已知正方形 $ABCD$ 内一动点 E 到 A，B，C 三点的距离之和的最小值为 $\sqrt{2} + \sqrt{6}$，求此正方形的边长。

分析 连接 AC，发现点 E 到 A，B，C 三点的距离之和就是到 $\triangle ABC$ 三个顶点的距离之和，这实际是费马问题的变形，只是背景不同。

解 如图 5 - 1 - 10 所示，连接 AC，把 $\triangle AEC$ 绕点 C 顺时针旋转60°，得到 $\triangle GFC$，连接 EF，BG，AG，可知 $\triangle EFC$、$\triangle AGC$ 都是等边三角形，则 $EF = CE$。$\because FG = AE$，$\therefore AE + BE + CE = BE + EF + FG$（图 5 - 1 - 10）。

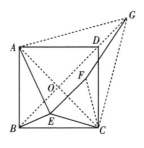

图 5 - 1 - 10

$\because$ 点 B、点 G 为定点（G 为点 A 绕点 C 顺时针旋转60°所得），$\therefore$ 线段 BG 为点 E 到 A，B，C 三点的距离之和的最小值，此时 E，F 两点都在 BG 上（图 5 - 1 - 11）。

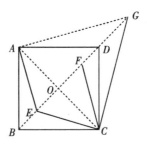

图 5 - 1 - 11

设正方形的边长为 a，那么 $BO = CO = \dfrac{\sqrt{2}}{2}a$，$GC = \sqrt{2}a$，$GO = \dfrac{\sqrt{6}}{2}a$。

$\therefore BG = BO + GO = \dfrac{\sqrt{2}}{2}a + \dfrac{\sqrt{6}}{2}a$。

∵ 点 E 到 A，B，C 三点的距离之和的最小值为 $\sqrt{2}+\sqrt{6}$，

∴ $\dfrac{\sqrt{2}}{2}a+\dfrac{\sqrt{6}}{2}a=\sqrt{2}+\sqrt{6}$，解得 $a=2$。

本题旋转 $\triangle AEB$，$\triangle BEC$ 也可以。

课后习题

1. 如图 $5-1-12$ 所示，设 M，N 是正方形 $ABCD$ 边 BC，CD 的中点，连 AM，BN 相交于 F，试证：（1）$S_{\triangle ABF}=S_{FMCN}$；（2）$AM\perp BN$。

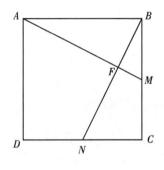

图 $5-1-12$

2. 证明：在 xOy 平面上，不存在三个顶点全是有理点（两个坐标都是有理数的点）的正三角形。

3. P 是等边 $\triangle ABC$ 内一点，又 $\angle APB$，$\angle BPC$，$\angle CPA$ 的大小之比是 $5:6:7$，则以 PA，PB，PC 的长为边的三角形三个内角的大小之比为（　　）（从小到大）。

A. $2:3:4$

B. $3:4:5$

C. $4:5:6$

D. 不能确定

4. 在正 $\triangle ABC$ 中，P 为 BC 边上一点，以 PA，PB，PC 为边组成的新三角形的最大内角为 θ，则（　　）。

A. $\theta \geqslant 90°$

B. $\theta \leqslant 120°$

C. $\theta = 120°$

D. $\theta = 135°$

5. 如图 5 – 1 – 13 所示，有 A，B，C 三个小镇，已知两镇的距离分别为 $AB = c = 6\text{km}$，$BC = a = 4\text{km}$，$CA = b = 8\text{km}$，欲在三镇间建立一个公共的交通中心，从中心修三条公路通往三镇，若每公里公路的造价为 10 万元，则三条公路最少要投资多少？

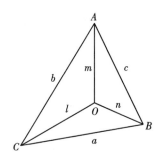

图 5 – 1 – 13

📖 阅读与思考

"业余数学家之王" 费马

有一位法学学士、律师、国会议员，并享有"长袍贵族"特权的官宦子弟，却在数论、解析几何、微积分和概率论等数学分支领域贡献良多，他就是法国的费马（1601—1665 年），被后世誉为"业余数学家之王"。

费马的父亲是法国多米尼克的地方的执政官，母亲曾在"长袍贵族"议会中任职。费马出生于 1601 年 8 月 17 日，1631 年获奥尔良大学民法学学士学位，并以律师为职业，曾任图卢兹议会的议员。他有丰富的法律知识，精通数国外语，而且业余爱好是数学。

　　费马研究古希腊几何学，于 1629 年编写《平面和立体的轨迹引论》一书，虽然迟至 1679 年才出版问世，但他已早于笛卡儿（《几何学》1637 年）发现了解析几何的基本原理——用代数方程表示曲线的方法。

　　关于微积分，牛顿曾说："我从费马的切线作法中得到了这个方法的启示，我推广了它，把它直接并且反过来应用于抽象的方程。"这种切线作法出现在费马所著的《求最大值和最小值的方法》一书中。

　　1654 年，法国骑士帕斯卡提出一个问题："两个赌徒相约赌若干局，谁先赢 s 局就算赢，现在一个人赢 a（$a < s$）局，另一个人赢 b（$b < s$）局，赌博中止，问赌本应怎样分才算合理?"这个问题后来被称为"赌点问题"。帕斯卡将其转告费马，他们二人都对这个问题做出了正确的解答，但所用方法不同。关于概率论的研究，就是这样开始的。后来，惠更斯继续研究这个问题，并于 1657 年写成《论赌博中的计算》一书，从而使概率论成为研究随机现象统计规律的数学分支。

　　费马在业余数学研究中的最大成就当属数论，最著名的是以他的名字命名的两个定理：

　　费马小定理——如果 n 是一个任意整数，而 p 是一个任意素数，那么 $n^p - n$ 可以被 p 整除。例如，$n = 4$，$p = 3$，那么 $4^3 - 4 = 60$ 能被 3 整除。

　　费马大定理——$x^n + y^n = z^n$，当 $n > 2$ 时无整数解。例如 $n = 3$ 时，$x^3 + y^3 = z^3$ 无整数解。

　　我们知道，当 $n = 2$ 时，$x^2 + y^2 = z^2$ 有无穷多组整数解。这是古希腊数学家丢番图的《算术》第 11 卷第 8 命题"将一个平方数分为两个平方数"。

　　大约 1637 年，费马在《算术》一书中该命题旁边，用小字写道："但是，要将一个立方数分为两个立方数，一个四次幂分为两个四次幂，一般地将一个高于二次的幂分为两个同次的幂，都是不可能的。对此，我确信已发现一种美妙的证法，可惜这里空白的地方太小而写不下。"这就是数学史上著名的费马大定理或称为"费马最后的定理"。

费马大定理的证明困扰了其后 3 个半世纪的著名数学家，其中包括欧拉、高斯和柯西，他们都得到了部分结果，但都没有给出普遍的证明。为此，布鲁塞尔科学院、巴黎科学院都曾悬赏征集这个问题的证明，但没有得到结果。1908 年，哥廷根皇家科学会把奖金提高到当时是天文数字的 10 万马克，仍无人问津。不过，1995 年这个难题被英国数学家威尔斯彻底解决。

费马性情谦抑，好静成癖。他对数学的许多研究成果往往以极其简洁的语言表述写在他读过的书籍边缘或空白处；也有一些只言片语写在给朋友的信函中；还有的随便散放在旧纸堆里。他不愿发表自己的研究成果，而且对已完成的工作不再感兴趣。他是一个完全从兴趣爱好出发和完全无功利目的的业余数学研究者。他的经验抑或是教训，值得后人思考。

相关链接：

威尔斯证明费马大定理

英国数学家威尔斯在 10 岁时就立志攻克"费马大定理"。1971 年他进入牛津大学学习，1980 年获博士学位。1986 年开始潜心研究，终于在 7 年后的 1993 年 6 月证明了"费马大定理"，只有极少数的数学家能够理解这个学术性很强的证明。

但数月之后，威尔斯的证明逐渐被发现有些问题。40 岁的威尔斯知难而进，再接再厉，终于在 1994 年 9 月完成了历史性的长篇论文《模椭圆曲线与费马大定理》，并于 1995 年发表在《数学年刊》上。他这次对费马大定理的证明无懈可击，迅速得到国际数学界的承认。一个困扰了人们近360 年的数学难题终于被攻克。

第二节　压缩变换

讲到物体的刚性，我们自然会想到物体的弹性，进而会想到压缩变换。对于压缩变换，有这么一个结论：

结论　平面上任意多边形经过压缩变换 $\begin{cases} x' = x, \\ y' = ky, \end{cases}$ $(k > 0)$ 所得到的新多边形的面积 S' 与原多边形面积 S 之比为 k。

通常计算椭圆内接（或外切）多边形面积最值问题是较为麻烦的。但我们知道：椭圆是圆经过压缩变换得到的，而圆内接或外切多边形最值问题较易解决，故我们可通过压缩变换将椭圆中的问题转化为圆的问题来处理。

问题　已知椭圆 $\dfrac{x^2}{a^2} + \dfrac{y^2}{b^2} = 1$，求

（1）内接于它的三角形面积的最大值；

（2）外切于它的三角形面积的最小值。

解　（1）我们可以把椭圆 $\dfrac{x^2}{a^2} + \dfrac{y^2}{b^2} = 1$ 看成圆 $\tilde{x}^2 + \tilde{y}^2 = a^2$ 经过压缩

变换 $\begin{cases} x = \tilde{x} \\ y = k\tilde{y} \end{cases}$（其中 $k = \dfrac{b}{a}$）而得到的（图 5 - 2 - 1）。

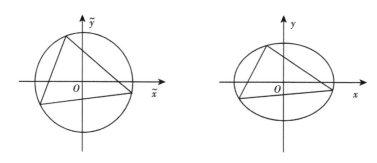

图 5 - 2 - 1

而圆 $\tilde{x}^2 + \tilde{y}^2 = a^2$ 的内接三角形面积最大值 $\tilde{S}_{\max} = \dfrac{3\sqrt{3}a^2}{4}$，由结论 1 知，

内接于椭圆 $\dfrac{x^2}{a^2} + \dfrac{y^2}{b^2} = 1$ 的三角形面积的最大值为 $S_{\max} = k\tilde{S}_{\max} = \dfrac{3\sqrt{3}ab}{4}$。

（2）同理可求得外切于椭圆的三角形面积的最小值为 $S_{\min} = 3\sqrt{3}ab$。

下面我们把问题一般化。

例 已知椭圆 $\dfrac{x^2}{a^2} + \dfrac{y^2}{b^2} = 1$，求

（1）它的内接 n 边形面积的最大值；

（2）外切于它的 n 边形面积的最小值。

解 我们知道，内接于圆 $x^2 + y^2 = a^2$ 的 n 边形面积的最大值是 $\dfrac{n}{2}a^2\sin$

$\dfrac{2\pi}{n}$，外切于该圆的 n 边形面积的最小值为 $\dfrac{n}{2}a^2\tan\dfrac{\pi}{n}$。

仿本节问题的方法可知：

（1）内接于椭圆 $\dfrac{x^2}{a^2} + \dfrac{y^2}{b^2} = 1$ 的 n 边形面积的最大值为 $\dfrac{n}{2}ab\sin\dfrac{2\pi}{n}$；

（2）外切于椭圆 $\dfrac{x^2}{a^2} + \dfrac{y^2}{b^2} = 1$ 的 n 边形面积的最小值为 $\dfrac{n}{2}ab\tan\dfrac{\pi}{n}$。

上面的方法可以推广到求空间椭圆内接或外切多面体体积的最值问

题，这留给有兴趣的读者去考虑。

课后习题

1. 求内接于椭圆的四边形面积的最大值。

2. 四边形 $ABCD$ 内接于椭圆 $\dfrac{x^2}{16}+\dfrac{y^2}{25}=1$，且 A 点的坐标为 $(4，0)$，C

点的坐标为 $(0，5)$，求四边形 $ABCD$ 的最大面积。

第六章

势能最小原理
在数学中的应用

我们知道物体具有势能，如高举的物体势能为物体所受重力 mg 和它的高度 h 的乘积。显然，对同一物体来讲，位置越低，它的势能就越小。

势能最小原理（又称狄利赫雷原理）是一个重要的力学原理：一个系统的势能在平衡位置最小。举个例子来说，一个小球在曲面上运动，当到达曲面的最低点位置时，系统就会趋向于稳定平衡。如果平衡位置唯一，那么势能最小原理有一个重要的推论：在平衡位置上，一个系统的势能最小。

对于某些极值问题，当目标函数为线性函数时，可以运用势能最小原理解决。

问题 1 如图 6 – 1 所示，某两栖车辆在水中速度为 u，在陆上速度为 v，今该车打算从水中 A 处行至陆上 B 处，车应在何处登陆所花时间最少？

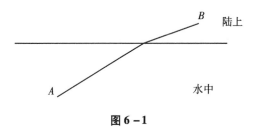

图 6 – 1

分析 这是一个最值问题。设登陆处为 X，则要求 $\dfrac{AX}{u} + \dfrac{XB}{v}$ 的最小值。我们用势能最小原理来考虑。

解 先按比例在木板上做出河岸 l 和 A，B 的位置，且在 A，B 两点分别置一定滑轮，在 l 处固定一光滑铁棍，再把系上两根线的铁环穿到棍上，两线（线长一定）分别拴上重力为 p，q 的重物并绕过定滑轮 A，B（图 6 – 2），其中 $p = \dfrac{1}{u}$，$q = \dfrac{1}{v}$。

由势能最小原理可知，系统平衡时 $p \cdot PP' + q \cdot QQ'$ 最小，而 A 和 B 的高度是确定的，故 $p \cdot AP + q \cdot BQ$ 最大。又两线长是一定的，所以 $p \cdot AX + q \cdot XB$ 最小，即 $\dfrac{AX}{u} + \dfrac{XB}{v}$ 最小。

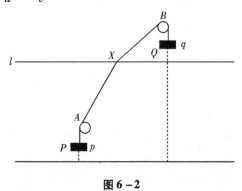

图 6 – 2

故当系统处于平衡位置时，铁环所在位置 X 即为所求的登岸位置。

如图 6 – 3 所示，因作用于 X 的各力须平衡，又因定滑轮不改变力的大小（只改变方向），故绳上拉力 $T_1 = p = \dfrac{1}{u}$，$T_2 = q = \dfrac{1}{v}$。

再设 AX, XB 与 l 的垂线 m 的夹角分别为 α，β，故 T_1, T_2 在水平方向分力应相等。即 $\dfrac{1}{u}\sin\alpha = \dfrac{1}{v}\sin\beta$，即 $\dfrac{\sin\alpha}{\sin\beta} = \dfrac{u}{v}$。这是取到最值的条件。对于这个问题，第八章我们还将给出一个光学解释及解法。

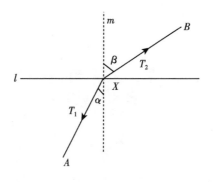

图 6 – 3

波兰数学家斯坦因豪斯在他的名著《数学万花镜》中提到这样一个问题：

问题 2 三个乡村要办一所公共小学，它们分别有 50，70，90 个孩子，问：如何选定学校的位置，使得所有孩子到学校的路程（或耗费时间）的总和最少？

这是一个最值问题，若把题意变为三个居民点，要在它们中间建一个货运站，使运送物资的费用最低，这便是《运筹学》中的最优化问题。用纯粹的数学方法去解未尝不可，但若用势能最小原理来解斯坦因豪斯"三村办学"问题，则显得简便、易行。

分析 我们把这个问题推广为：已知平面内不在同一条直线上的三点

A，B，C，在 $\triangle ABC$ 内求一点 P，使得 $q_1PA + q_2PB + q_3PC$（q_1，q_2，q_3 已知）最小。

解　如图 $6-4$ 所示，在 A，B，C 三点各钻一个小孔，然后将三条绳子系在一起，记结点为 P，绳子分别穿过三孔，绳下所系物体受重力分别为 q_1，q_2，q_3。当它们平衡时，离地高度分别为 h_1，h_2，h_3，则三物体重力势能之和 $E = q_1h_1 + q_2h_2 + q_3h_3$。

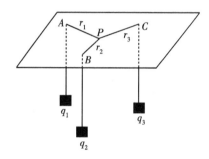

图 6 - 4

记 P 到 A，B，C 的距离分别为 r_1，r_2，r_3，且系三物体的绳长分别为 l_1，l_2，l_3，设木板离地高为 h，则有 $r_i + (h - h_i) = l_i$（$i = 1$，2，3），即 $h_i = r_i + h - l_i$。

于是　$E = q_1r_1 + q_2r_2 + q_3r_3 + C$，

其中 $C = (q_1 + q_2 + q_3)h - (q_1l_1 + q_2l_2 + q_3l_3)$ 为常量。

当系统处于平衡状态时，势能 E 最小，即 $q_1r_1 + q_2r_2 + q_3r_3 = E - C$ 最小。

则此时点 P 受的合外力为零，这种"加权"的"费马点"称为"斯坦因豪斯点"，这个点所满足的关系式为

$$\frac{\sin \angle BPC}{q_1} = \frac{\sin \angle CPA}{q_2} = \frac{\sin \angle APB}{q_3}$$

满足此式的 P 点即为所求点。

请读者证明满足这个条件的 P 点就是所求的点。（提示：如图 $6-5$ 所

示，过 A，B，C 三点分别作 PA，PB，PC 的垂线，垂线构成 $\triangle DEF$，在 $\triangle DEF$ 中运用正弦定理，然后再用三角形面积证明。）

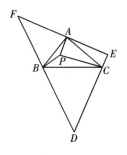

图 6-5

由斯坦因豪斯的"三村办学"问题，我们发现费马问题实际上只是这个问题的特殊情形（即 $q_1 = q_2 = q_3 = 1$）。

下面我们再来看费马问题：

在 $\triangle ABC$ 中确定一点 O，使 $OA + OB + OC$ 最小。

解　如图 6-6，类似斯坦因豪斯的方法，在水平面上 A，B，C 三点处安装三个滑轮，取有公共端点的三条等长的细绳，使它们分别绕过滑轮，末端分别系有等质量的砝码 P，Q，R。调整系统，使其静止，此时系统的势能最小，易知 P，Q，R 总是尽可能的低，故 $BQ + AP + CR$ 总是尽可能的大，这样 $OA + OB + OC$ 最小。

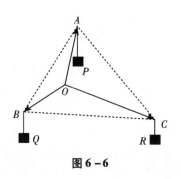

图 6-6

（1）当△ABC的内角均小于120°时，由于同一平面上三个等大的共点力平衡时，互成120°角，故O到A，B，C的连线所成的角均为120°，即O为△ABC的费马点。

（2）当△ABC的一内角大于或等于120°时（设∠A≥120°），有$\vec{F}_{OB}+\vec{F}_{OC}<\vec{F}_{OA}$，所以使得O点与A点接触，从A点得到弹力，使系统平衡，距离和达到最小。此时O点即为A点，即A为△ABC的费马点。

下面我们来看一个关于"三村办学"的实际例子。

例1 如图6-7所示，A，B，C是三座矿，它们的年产量分别为$P=5$吨，$Q=4$吨，$R=3$吨，相距分别为$a=25$公里，$b=37$公里，$c=6\sqrt{53}$公里。试选择一合适的位置建车站G，使每年从各矿把矿产运至车站的总运量$M=xP+yQ+zR$最节省，其中x，y，z分别为A，B，C到G的距离。

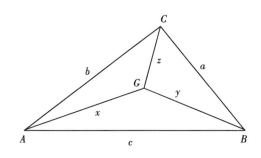

图6-7

解 由以上证明可知，当系统处于平衡状态时，M最小。此时，在A，B，C处的三个砝码P，Q，R必定在G点达到受力平衡。

图6-8画出了在G点的力的图示，其中$\vec{P}$，$\vec{Q}$，$\vec{R}$分别代表P，Q，R的重力，α，β，γ分别表示∠BGC，∠CGA和∠AGB。

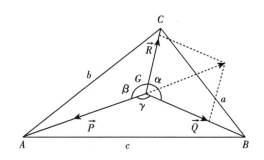

图 6 – 8

由于 $P = 5$，$Q = 4$，$R = 3$，根据力的平行四边形法则不难求出：$\cos\alpha = 0$，$\cos\beta = -\dfrac{3}{5}$，$\cos\gamma = -\dfrac{4}{5}$。

这是 $\vec{P}$，$\vec{Q}$，$\vec{R}$ 三个力的"平衡条件"，同时是 G 点位置应满足的条件。又由图 6 – 8 可知 α，β，γ 分别在 $\triangle BGC$，$\triangle CGA$ 和 $\triangle AGB$ 内，由余弦定理可列出关于 x，y，z 的方程组：$\begin{cases} y^2 + z^2 - 2yz\cos\alpha = a^2 \\ z^2 + x^2 - 2zx\cos\beta = b^2 \\ x^2 + y^2 - 2xy\cos\gamma = c^2 \end{cases}$，代入 $\cos\alpha$，$\cos\beta$，$\cos\gamma$ 及 a，b，c 的数值，可解出 $x = 26$，$y = 20$，$z = 15$。

所以，为使总运量最小，车站 G 的位置应选在距 A 矿 26 公里，距 B 矿 20 公里，距 C 矿 15 公里的地方。

下面我们再来看一个例子。

例 2 有五个工厂，要建一水厂给这五个工厂供水。连结各厂所用水管的口径不同，因而水管单价不同。设铺到这五个厂的水管单价分别为 k_1，k_2，k_3，k_4，k_5，水厂建在何处，方能使所用水管费用最省？

解 设水厂 B 与各厂的距离分别为 x_1，x_2，x_3，x_4，x_5，则所需费用为

$$y = k_1x_1 + k_2x_2 + k_3x_3 + k_4x_4 + k_5x_5$$

由势能最小原理，依以下方法来确定 B 的位置：在一块水平放置的平板上标出各厂位置 A_i（$i=1$，2，3，4，5，如图 6-9 所示）。在 A_i 处各钻一小孔，然后取 5 条长度分别为 L_i（$i=1$，2，3，4，5）的细绳，穿过相应的小孔 A_i，把平板上面的五个线头系在一起，并将各条线在平板下面的那头分别挂上相应重为 k_i（$i=1$，2，3，4，5）单位的重物，使各条线下垂，当此系统达到平衡时，板面上线结的位置 B 就是应建水厂的位置。

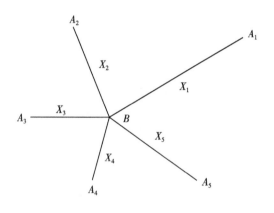

图 6-9

下面说明这样做法的合理性。设各线下垂的长度分别为 h_i（$i=1$，2，3，4，5），假定所有 h_i 小于平板离地面的高度 h，则 $L_i = x_i + h_i$。系统的势能为

$$E = \sum_{i=1}^{5} k_i(h - h_i) = \sum_{i=1}^{5} k_i(h - L_i + x_i) = \sum_{i=1}^{5} k_i(h - L_i) + \sum_{i=1}^{5} k_i x_i = E_0 + y \text{。}$$

其中，$E_0 = \sum_{i=1}^{5} k_i(h - L_i)$ 为常数。由于系统达到平衡，所以 E 达到最小值，从而 $y = E - E_0$ 也达到最小值，因而在 B 处建水厂，可使水管费用最省。

上题其实是一个"五村办学"问题，那么我们不禁会问：是否可以推广到"多村办学"问题？答案是肯定的。斯坦因豪斯问题的一般提法是：

平面上有 n 个点 A_k，每个点的"权"（可看是成人或物的数量）为 $q_k(k=1,2,\cdots,n)$，今欲求一点 O，使该点距各 A_k 的距离 r_k 和 q_k 的乘积之和最小。

本题可仿照前面的方法用势能最小原理去解决。请读者试着证明。

下面我们再来看一个例子。

例 3　平面上有 n 个点 $A_1,A_2,\cdots,A_n$，今欲求一点，使它到 $A_1,A_2,\cdots,A_n$ 各点所连线之和最小。

解　考虑 n 条一端系在一起的细线 A_1B，A_2B，$\cdots$，A_nB，另一端固定于点 A_1，A_2，$\cdots$，A_n（图 6-10），这个系统的势能与各细线 A_1B，A_2B，$\cdots$，A_nB 的长度之和成正比。

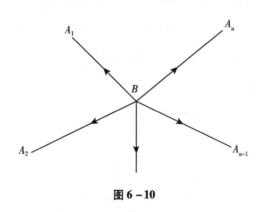

图 6-10

要使细线长度之和最小，即该系统势能最小，显然系统应处于平衡位置。处于该位置时，各细线均变成直线段，且各线段长度之和最小，此时点 B 即为所求。

显然，这是前面提到的三角形费马问题的拓展，或者是拓展的斯坦因豪斯问题的特殊情形（没有加权）。本题也可仿照斯坦因豪斯的办法求得

点 B ，不同的是在各细线下端所挂重物的重量一样。

在系统平衡时，如果 B 不与任何一个 A_k ($k = 1$, 2, $\cdots$, n) 重合，则作用在 B 上有 n 个相等的张力，作用方向分别沿 BA_1，BA_2，$\cdots$，BA_n，且它们的合力为零。

通过上面的求解可知，对于平面上的多边形 $P_1P_2\cdots P_n$ ，如果存在一点 P 使得 $\sum\limits_{i=1}^{n} \dfrac{\overrightarrow{PP_i}}{|\overrightarrow{PP_i}|} = \vec{0}$ 成立，则这样的点 P 到多边形各顶点的距离之和为最小值。如果 $P_1, P_2, \cdots, P_n$ 中的一点 $P_i(i = 1, 2\cdots, n)$ 使得 $\sum\limits_{n} \dfrac{\overrightarrow{PP_j}}{|\overrightarrow{PP_j}|} < \dfrac{\overrightarrow{PP_i}}{|\overrightarrow{PP_i}|}$ ，则点 P_i 到多边形各顶点的距离之和为最小值。

下面我们再看一个运用弹性势能的例子。

例 4 求到三角形各顶点距离平方和最小的点 Q 。

解 设有弹性系数为 k ，原长为 ε 的三条弹性极好的橡皮条，把它们一端分别固定在点 A, B, C 上，另一端拉长在点 Q 相接，如图 6 − 11 所示，则此系统的弹性势能为：

$$E = \frac{1}{2}k\,(AQ - \varepsilon)^2 + \frac{1}{2}k\,(BQ - \varepsilon)^2 + \frac{1}{2}k\,(CQ - \varepsilon)^2 。$$

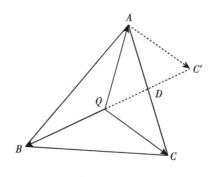

图 6 − 11

由势能最小原理得，当 Q 稳定时 E 最小，这时 $\vec{F}_{QA} + \vec{F}_{QB} + \vec{F}_{QC} = \vec{0}$，

$|\vec{F}_{QA}| = k(AQ - \varepsilon)$，$|\vec{F}_{QB}| = k(BQ - \varepsilon)$，$|\vec{F}_{QC}| = k(CQ - \varepsilon)$。

令 $\varepsilon \to 0$，$k = 1$，则平衡时有

$$\overrightarrow{QA} + \overrightarrow{QB} + \overrightarrow{QC} = \vec{0} \qquad\qquad (1)$$

此时，$E = \dfrac{1}{2}AQ^2 + \dfrac{1}{2}BQ^2 + \dfrac{1}{2}CQ^2$。即此时的点 Q 已满足到三角形各

顶点距离的平方和最小。

现延长 BQ 至 C' 交 AC 于 D，使得：$\overrightarrow{C'Q} = \overrightarrow{QB}$ $\qquad\qquad (2)$

$\because \overrightarrow{AC'} + \overrightarrow{C'Q} + \overrightarrow{QA} = \vec{0}$ $\qquad\qquad (3)$

由（1）（2）（3）得 $\overrightarrow{AC'} = \overrightarrow{QC}$，即 $AC'CQ$ 为平行四边形。$\therefore BQ = Q'C = 2QD$，故点 Q 为 $\triangle ABC$ 的重心，由于重心是唯一的，所以点 Q 是使 E 取到最小的点，从而得出：到三角形各顶点距离的平方和最小的点是三角形的重心。

课后习题

1. 试确定凸四边形 $ABCD$ 的费马点 P。

2. 如图 6 - 12 所示，两固定点 P，Q 和曲线 L 在同一平面上，动点 R 在 L 上运动，找出 R 的位置，使 $PR + QR$ 最短。

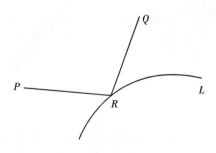

图 6 - 12

3. 证明椭圆两焦点与椭圆上任一点的两连线与过该点的切线的锐夹角相等。

4. 设定点 A 和 B 分别在定直线 L 两侧，$AC \perp L$，$BD \perp L$，C，D 是垂足，M 是 CD 内的点，P 和 Q 是已知的正数，则当 $P \cdot AM + Q \cdot BM$ 最小时，有 $P \cdot \sin \angle CAM = Q \cdot \sin \angle DBM$。

📖 阅读与思考

斯坦因豪斯图形

波兰有一位著名的数学家斯坦因豪斯，在第二次世界大战前夕，他常和几位波兰数学家到一家苏格兰的咖啡馆去，一边喝咖啡一边谈论数学问题。提出精彩答案或提出独到见解的人，能获得一份小小的奖品，如一块蛋糕、一杯咖啡或一只鹅。波兰数学家们说：有一个好的数学环境，大量的数学成果就会在这种"高炉"中产生出来。下面的问题就是斯坦因豪斯在这种"高炉"中设计出来的。

问题：求图中阴影部分的面积。

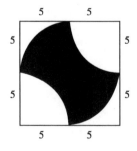 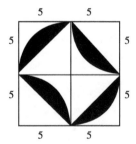

图 6 – 13

解 第一个图形中阴影部分的面积通过割补法可知，

$$S_{阴影} = \frac{1}{2} S_{正方形} = \frac{1}{2} \times 100 = 50。$$

　　第二个图形可以分开来看，四个阴影部分的面积相等，一个阴影部分的面积等于四分之一个圆的面积减去一个等腰三角形的面积。所以

$$S_{阴影} = \left(\frac{25\pi}{4} - \frac{25}{2} \right) \times 4 = 25\pi - 50。$$

　　其实斯坦因豪斯图形考查的是轴对称的基本性质。注意：对称轴垂直平分对应点的连线、对应角相等，对应边相等。解题的关键是要通过分析找到阴影部分的面积和已知正方形或扇形的面积之间的关系。

第七章

运动学原理
在数学中的应用

俄国数学家切比雪夫曾幽默地说："使数学脱离实际，就好比把母牛关起来，不让它接触公牛。"数学是其他学科的工具，同时，用其他学科的方法也可以解决数学问题。用物理方法去解数学问题，就是将数学问题与物理学原理相类比，从而建立求解数学问题的物理模型，然后运用物理学原理进行推理，使数学问题得到解决。本章我们来研究运动学原理在数学中的应用。

第一节　匀变速直线运动及其应用

沿着一条直线，加速度方向与速度方向平行、加速度大小不变的运动，叫作匀变速直线运动。有些数学问题初看起来与物理问题风马牛不相及，但如果我们能发现它们可以与某些物理现象做很好的"类比"，就能领略到大自然的"异曲同工"之妙。

问题　甲乙两物体从相距 70 米的两处同时相向而行，甲第一分钟走 2m，以后每分钟比前一分钟多走 1m，乙每分钟走 5m。

（1）甲乙开始运动后几分钟相遇；

（2）如果甲乙达到对方起点后立即返回，按原来的运动方式，几分钟后第二次相遇。

解　（1）假如乙没运动，则甲开始第一分钟可以认为走了 7m，以后每分钟多走了 1m，甲走了 70m 时甲乙相遇。由题意可知，甲做匀变速直线运动，加速度为 $1m/min^2$，设初速度为 v_0，因甲开始第一分钟可以认为走了 7m，由公式 $s = v_0 t + \frac{1}{2} at^2$ 得：$7 = v_0 \cdot 1 + \frac{1}{2} \cdot 1 \cdot 1^2$。所以初速度 $v_0 = 6.5$。再由公式 $s = v_0 t + \frac{1}{2} at^2$ 得 $6.5t + \frac{1}{2} \cdot 1 \cdot t^2 = 70$，求得 $t = 7$，即甲乙开始运动后 7min 相遇。

（一般地，按定义，等差数列可以认为是匀变速直线运动，加速度是公差 d，由 $a_1 = S_1 = v_0 \cdot 1 + \frac{1}{2} \cdot d \cdot 1^2$ 得：初速度是 $a_1 - \frac{1}{2} d$，注意初速度

不是 $a_1 - d$。)

（2）相当于甲反向回去再回来与乙相遇所走的时间，由公式 $s = v_0 t + \frac{1}{2}at^2$ 得 $210 = 6.5t + \frac{1}{2} \cdot 1 \cdot t^2$，$t = 15\text{min}$，于是甲乙到达对方起点后立即返回，按原来的运动方式，需要 $15 - 7 = 8\text{min}$ 再次相遇。

例 1　已知 a，$b \in \mathbf{R}^+$，求证 $\dfrac{a+b}{2} \leqslant \sqrt{\dfrac{a^2+b^2}{2}}$。

证　设匀变速直线运动初速度是 $v_0 = a$，末速度是 $v_t = b$，则在一半时间时的速度 $v_{\frac{t}{2}} = \dfrac{a+b}{2}$，在一半位移时的速度 $v_{\frac{s}{2}} = \sqrt{\dfrac{a^2+b^2}{2}}$。

在匀变速直线运动中，某段时间中间时刻的瞬时速度小于或等于其中间位置的瞬时速度，即 $v_{\frac{t}{2}} \leqslant v_{\frac{s}{2}}$，故 $\dfrac{a+b}{2} \leqslant \sqrt{\dfrac{a^2+b^2}{2}}$。证毕。

例 2　等差数列 $\{a_n\}$ 中，前 m 项和 S_m 与前 n 项和 S_n 相等，求前 $m+n$ 项和 S_{m+n}。

分析　我们把等差数列的前 n 项公式看成是竖直上抛运动，因为前 m 项和 S_m 与前 n 项和 S_n 相等，所以在时间 m 这一时刻与时间 n 这一时刻物体离地面的高度相等，因此物体在运动了时间 n 后，再有 m 时间便回到地面，所以 $S_{m+n} = 0$。

当一物体做初速度为零的匀加速直线运动时，有如下一些推论：

（1）将位移等分为 n 段，则通过前 1 段、前 2 段、前 3 段…所需的时间比为：

$$t_1 : t_2 : t_3 \cdots = 1 : \sqrt{2} : \sqrt{3} \cdots$$

（2）将位移等分为 n 段，则通过第 1 段、第 2 段、第 3 段…所需的时间比为：

$$t_1 : t_2 : t_3 \cdots = 1 : (\sqrt{2} - 1) : (\sqrt{3} - \sqrt{2}) \cdots$$

（3）将时间等分，每段为 t，则前 $1t$、前 $2t$、前 $3t\cdots$ 的位移比为

$$S_1 : S_2 : S_3 \cdots = 1 : 4 : 9 \cdots$$

（4）将时间等分，每段为 t，则第 1 个 t、第 2 个 t、第 3 个 $t\cdots$ 的位移比为

$$S_1 : S_2 : S_3 \cdots = 1 : 3 : 5 \cdots$$

上述结论，不但在相关的物理习题中可使运算简化，而且可使一些数学问题的求解变得异常简捷。下面给出几个例子。

例 3　棱锥被平行于底面的截面将侧面积三等分，则它的高被分成的三部分 h_1，h_2，h_3 的比为多少？（从上而下）

分析　在一个棱锥中，我们从其顶点 S 出发，沿着高或侧棱（设为 SA）向下运动，假设到达一点 D，过 D 作一平行于底面的截面，设所截棱锥的侧面积为 S_1，原棱锥的侧面积为 S_2，则依据立体几何知识易得 $\dfrac{S_1}{S_2} = \left(\dfrac{SD}{SA}\right)^2$。而在初速度为零的匀加速直线运动中，位移与时间也是成二次函数关系，所以不妨将面积看作位移，将从顶点向下延伸的侧棱或高看作时间，则它便符合了上面的几个推论。

解　题中三部分侧面积相等，即相当于推论（2）中的三段位移相等，则三段高的比就等于三段时间的比，从而可直接得解：$h_1 : h_2 : h_3 \cdots = 1 : (\sqrt{2} - 1) : (\sqrt{3} - \sqrt{2})$。

例 4　设 $ABCD - A'B'C'D'$ 为一四棱台，先把它补为一个棱锥，再将其高十等分。则该棱台的高恰为它所在棱锥高的 $\dfrac{1}{10}$，且棱台的侧面积为 S，那么对于这个补全的棱锥，从上而下，第 6 段高所对应的棱台的侧面积为多少？

解　因为题中是将高十等分，所以利用推论（4）的比值关系可得从

第 1 段到第 10 段高所对应侧面积的比值为 $1:3:5:7:9:11:13:15:17:19$。而已知第 10 段高所对应的侧面积为 S，设第 6 段高所对的棱台的侧面积为 S'，则 $S':S=11:19$，即 $S'=\dfrac{11}{19}S$。

在数学中，一元二次函数的一般表达式为 $y=ax^2+bx+c$（$a\neq0$）。在物理中，匀变速直线运动的位移公式为 $s=v_0t+\dfrac{1}{2}at^2$。将二次函数中的 y 和 x 分别想象成位移公式中的 s 和 t，则由推论（4），对于函数 $y=ax^2+bx+c$，一定有下面的结论：设当 $x=x_1$，x_2，$\cdots$，x_n 时，$y=y_1$，y_2，$\cdots$，y_n。如果 $x_2-x_1=x_3-x_2=\cdots=x_n-x_{n-1}=\Delta x$，则有 $(y_3-y_2)-(y_2-y_1)=(y_4-y_3)-(y_3-y_2)=\cdots=(y_n-y_{n-1})-(y_{n-1}-y_{n-2})=C$。

例 5　某学生为了描点作出函数 $y=ax^2+bx+c(a\neq0)$ 的图象，取自变量的 7 个值：$x_1<x_2<\cdots<x_7$，且 $x_2-x_1=x_3-x_2=\cdots=x_7-x_6$，分别算出它们对应的 y 值，见表 7-1-1。

表 7-1-1

x	x_1	x_2	x_3	x_4	x_5	x_6	x_7
y	51	107	185	285	407	549	717

但由于粗心，他算错了其中一个 y 值。请指出：算错的是哪一个值？正确的值是多少？请说明理由。

解　先计算 $y_2-y_1,y_3-y_2,\cdots,y_7-y_6$ 的值，见表 7-1-2。

表 7-1-2

y_2-y_1	y_3-y_2	y_4-y_3	y_5-y_4	y_6-y_5	y_7-y_6
56	78	100	122	142	168

接下来计算 $(y_3-y_2)-(y_2-y_1),(y_4-y_3)-(y_3-y_2),\cdots,(y_7-y_6)-(y_6-y_5)$ 的值。计算结果见表 7-1-3。

表 7 – 1 – 3

$(y_3 - y_2) - (y_2 - y_1)$	22
$(y_4 - y_3) - (y_3 - y_2)$	22
$(y_5 - y_4) - (y_4 - y_3)$	22
$(y_6 - y_5) - (y_5 - y_4)$	20
$(y_7 - y_6) - (y_6 - y_5)$	24

分析表中的数据可知，表中每个横格中所填入的差值应该都等于 22。很显然 y_6 这个值是错误的。将 y_5, y_4 的值代入下式：$(y_6 - y_5) - (y_5 - y_4) = 22$，解得 $y_6 = 551$。

正确的表格见表 7 – 1 – 4。

表 7 – 1 – 4

x	x_1	x_2	x_3	x_4	x_5	x_6	x_7
y	51	107	185	285	407	551	717

课后习题

1. 求 $y = \sqrt{5-x} + \sqrt{x+3}$ 的最大值。

2. 求经过 $y = 2x^2 + 6x$ 曲线上点（1，8）的切线方程。

3. 已知两无穷数列满足下列关系

$$t_1 = \frac{d}{a+b} \qquad\qquad s_1 = at_1$$

$$t_2 = \frac{d - (b+c)\, t_1}{a+c} \qquad\qquad s_2 = at_2$$

$$t_3 = \frac{d - (b+c)\, (t_1 + t_2)}{a+b} \qquad\qquad s_3 = at_3$$

$$\vdots \qquad\qquad\qquad\qquad \vdots$$

$$t_{2n-1} = \frac{d - (b+c)(t_1 + t_2 + \cdots + t_{2n-2})}{a+b} \qquad s_{2n-1} = at_{2n-1}$$

$$t_{2n} = \frac{d - (b+c)(t_1 + t_2 + \cdots + t_{2n-1})}{a+c} \qquad s_{2n} = at_{2n}$$

求 $s_1 + s_2 + \cdots + s_n$ 的和。

第二节　斜抛运动及其应用

问题　已知抛物线的弦 AB 及其对称轴垂直相交于 C，P 是抛物线上一动点，直线 PA，PB 分别交对称轴于 D 和 E，过 A 作抛物线切线交对称轴于 Q，求证：$CD + CE = CQ$。

分析　如图 7 - 2 - 1 所示，设 $\angle CAQ = \theta$，$\angle CAD = \alpha$，$\angle ABP = \beta$。因为 $CD = AC \cdot \tan\alpha$，$CE = BC \cdot \tan\beta = AC \cdot \tan\beta$，$CQ = AC \cdot \tan\theta$。故只需证 $\tan\alpha + \tan\beta = \tan\theta$。

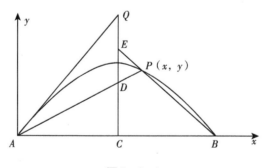

图 7 - 2 - 1

证　设物体从 A 处被抛出的初速度是 v_0，则 v_0 的方向与 AQ 的方向相同，抛射角为 θ，物体从被抛出点到落地的距离，即最大射程为 S（如图 7 - 2 - 1 中的 AB）。设物体被抛出后任一时刻 t 的位置为 P（x，y），连接 PA，PB。

$\because \tan\alpha = \dfrac{y}{x}$, $\tan\beta = \dfrac{y}{s-x}$, $\therefore \tan\alpha + \tan\beta = \dfrac{y}{x} + \dfrac{y}{s-x} = \dfrac{sy}{x(s-x)}$ 　　（1）

根据抛物体运动的规律，有 $S = v_0^2 \cdot \dfrac{\sin^2\theta}{g}$ 　　　　　　　　　　　（2）

轨迹方程 $y = x\tan\theta - \dfrac{g}{2v_0^2\cos^2\theta} \cdot x^2$，即 $y = x\tan\theta\left(1 - \dfrac{g}{v_0^2\sin^2\theta}x\right)$ 　　（3）

将（2）代入（3），化简得：$y = (\tan\theta)\, x \cdot \dfrac{s-x}{s}$ 　　　　　　　（4）

将（4）代入（1），得 $\tan\alpha + \tan\beta = \dfrac{s}{x(s-x)}x\tan\theta\dfrac{s-x}{s} = \tan\theta$。证毕。

例　如图 7-2-2 所示，建立平面直角坐标系 xOy，x 轴在地平面上，y 轴垂直于地平面，单位长度为 1 千米。某炮位于坐标原点。已知炮弹发射后的轨迹在方程 $y = kx - \dfrac{1}{20}(1+k^2)\,x^2\,(k>0)$ 表示的曲线上，其中 k 与发射方向有关。炮的射程是指炮弹落地点的横坐标。

（1）求炮的最大射程；

（2）设在第一象限有一飞行物（忽略其大小），其飞行高度为 3.2 千米，请问：它的横坐标 a 不超过多少时，炮弹可以击中它？说明理由。

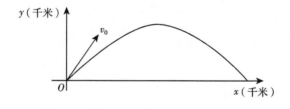

图 7-2-2

分析　题中的信息：炮位于地面上的 O 点，斜向上发射炮弹，给出的炮弹的轨迹方程为抛物线，这些信息与物理学中的斜抛运动特点完全吻合。故本题用物理学中的斜抛运动思想处理，或许效果会更好一些。

如图 7-2-2 所示，设斜抛运动的初速度为 v_0，斜抛角为 θ，忽略空

气阻力作用，g 取 $10\mathrm{m/s^2}$，由斜抛运动的规律可知

$$x = v_0\cos\theta \cdot t \qquad (1)$$

$$y = v_0\sin\theta \cdot t - \frac{1}{2}gt^2 \qquad (2)$$

由（1）式可知 $t = \dfrac{x}{v_0\cos\theta}$，将 t 的表达式代入（2）式可得斜抛运动的轨迹方程为

$$y = \tan\theta \cdot x - \frac{g}{2v_0^2}(1 + \tan^2\theta)x^2 \qquad (3)$$

将（3）式与题中所给的抛物线方程类比，由对应项系数相等可知：$k = \tan\theta$，符合原题中的 k 值与发射方向有关的条件 $\dfrac{1}{20} = \dfrac{g}{2v_0^2}$，$v_0 = 10\mathrm{m/s}$。

所以，原题可以转换为初速度为 $10\mathrm{m/s}$，抛射角为 θ 的斜抛运动处理，轨迹方程为 $y = \tan\theta \cdot x - \dfrac{1}{20}(1 + \tan^2\theta)x^2$（$g = 10\mathrm{m/s^2}$）。

解 （1）从坐标原点抛出到再次落到 x 轴上经历的时间为 $t = \dfrac{2v_0\sin\theta}{g}$，将 t 代入 $x = v_0\cos\theta \cdot t$ 得

$$x = \frac{v_0^2}{g}2\sin\theta\cos\theta = \frac{v_0^2}{g}\sin2\theta ,$$

当 $\theta = 45°$ 时，$\sin2\theta = 1$，此时射程最大，即

$$x_{\max} = \frac{v_0^2}{g} = 10m 。$$

（2）炮弹可以在上升阶段击中目标，也可以在下落过程中击中目标，显然炮弹在下落过程中击中目标时横坐标数值最大。

击中目标时，炮弹的水平方向的位移为 a，竖直方向的位移为 $3.2\mathrm{m}$，将 $x = a$，$y = 3.2$ 代入（3）式得

$$3.2 = \tan\theta \cdot - \frac{1}{20}(1 + \tan^2\theta)a^2$$

将该式整理成关于 $\tan\theta$ 的二次方程为

$$a^2 \cdot \tan^2\theta - 20a\tan\theta + a^2 + 64 = 0 。$$

该方程有解，则 $\triangle = (20a)^2 - 4 \cdot a^2 (a^2 + 64) \geqslant 0$

解得 $0 < 0 \leqslant 6\text{m}$。

所以，当横坐标 a 值不超过 6m 时，炮弹都可以击中目标。

炮弹竖直向上发射时，炮弹与 $y = 3.2\text{m}$ 的交点有两个，这两个点重合，两点间的距离为零，恰好在最高点击中目标时两点间的距离也为零，在发射角 θ 从 90° 逐渐减小的过程中，炮弹轨迹的抛物线与 $y = 3.2\text{m}$ 相交的两点间的距离从零开始先增大后减小，即 a 的值先增大后减小。

课后习题

1. 一摩托车骑手欲飞跃黄河，设计摩托车沿跑道飞出时前进方向与水平方向的倾斜角是 12°，飞跃的水平距离是 35 米，为了安全，摩托车在最高点与落地点的垂直落差约 10 米，那么骑手沿跑道飞出时的速度应为多少？（单位是 m/s，精确到个位数）（参考数据：$\sin12° = 0.2079$，$\cos12° = 0.9781$，$\tan12° = 0.2125$）

2. 如图 7-2-3 所示，已知抛物线 $x^2 = -2p_1y$ 和 $x^2 = -2p_2y$ 以及定直线 $y = kx$，求证：过抛物线和定直线的交点的切线是相互平行的。

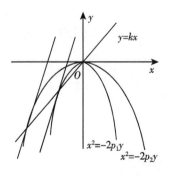

图 7-2-3

第三节　圆周运动及其应用

问题　已知椭圆方程为$\dfrac{x^2}{A^2}+\dfrac{y^2}{B^2}=1$，试确定椭圆两顶点 P（A，0）、Q

（0，B）处的曲率半径。

解一　将椭圆视为半径 $R=A$ 的圆在水平
面上的投影，圆所在平面与水平面的夹角 φ 满

足关系 $\cos\varphi=\dfrac{B}{R}=\dfrac{B}{A}$，设质点在圆上作匀速圆

周运动的速度为 v，则向心加速度大小为 $a_n=$

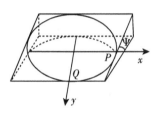

图 7 - 3 - 1

$\dfrac{v^2}{R}=\dfrac{v^2}{A}$（图 7 - 3 - 1）。质点投影在椭圆顶点

P 处的速度和向心加速度大小分别为 $v_P=v\cos\varphi=\dfrac{B}{A}v$，$a_P=a_n=\dfrac{v^2}{A}$，因

此 P 点曲率半径 $\rho_P=\dfrac{v_P^2}{a_P}=\dfrac{B^2}{A}$。质点投影在椭圆顶点 Q 处的速度和向心加

速度大小分别为 $v_Q=v$，$a_Q\cos\varphi=\dfrac{v^2}{A}\cdot\dfrac{B}{A}=\dfrac{Bv^2}{A^2}$，因此 Q 点曲率半径

$\rho_P=\dfrac{v_P^2}{a_P}=\dfrac{A^2}{B}$。

解二　设一质点沿椭圆轨道运动，运动方程为

$$\begin{cases} x = A\cos\omega t \\ y = B\sin\omega t \end{cases},$$

显然上二式分别表示在 x 和 y 方向的简谐振动。

质点经过点 P_1 时（图 7－3－2），在 y 方向通过平衡位置，因此速度应为 $v_1 = B\omega$，加速度则因质点正在 x 轴上最大位移处而应为 $a_1 = A\omega^2$。

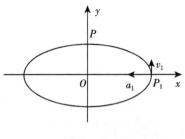

图 7－3－2

由向心加速度的公式 $a_n = \dfrac{v^2}{\rho}$，可得 P_1 处椭圆的曲率半径为

$$\rho_1 = \frac{v_1^2}{a_1} = \frac{B^2\omega^2}{A\omega^2} = \frac{B^2}{A}$$

类似地，可得 P_2 处的曲率半径为 $\rho_2 = \dfrac{A^2}{B}$。

例　求在区间 $x \in \left[0, \dfrac{\pi}{3} \right]$ 上，函数 $y = \cos x$ 与坐标轴围成的封闭平面图形的面积。

分析　此题一般用微积分初步知识来解，但不懂微积分者则可能不知如何下手，若结合物理匀速圆周运动的平均速度，便可简便求得。

解　考虑做匀速圆周运动的物体由 A 运动到 B 的情况，如图 7－3－3 所示，所用时间 $t = \dfrac{\dfrac{\pi}{3}R}{v} = \dfrac{\pi R}{3v}$。

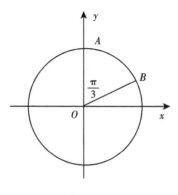

图 7 - 3 - 3

在 x 轴正方向上位移 $S_x = R\sin\dfrac{\pi}{3}$，则在 x 轴正方向上平均速度为

$$\overline{v_x} = \frac{S_x}{t} - \frac{3\sin\dfrac{\pi}{3}}{\pi}v$$

又每一时刻的速度 $v_t = v\cos\theta\left(\theta\in\left[0,\dfrac{\pi}{3}\right]\right)$，所以 $\overline{v_x} = \overline{v\cos\theta} =$

$\overline{\cos\theta v}$，即 $\overline{\cos\theta v} = \overline{v_x} = \dfrac{3\sin\dfrac{\pi}{3}}{\pi}v$，所以 $\overline{\cos\theta} = \dfrac{3\sin\dfrac{\pi}{3}}{\pi}$，所求面积 $S =$

$\overline{\cos\theta}\cdot\dfrac{\pi}{3} = \dfrac{\sqrt{3}}{2}$。

结论 通过分析，可知此类题 $\overline{\cos\theta} = \dfrac{\sin(\theta_{\max})}{\theta_{\max}}$，$S = \sin(\theta_{\max})$，其中

$\theta\in[0,\theta_{\max}]$，$\theta_{\max}\in\left[0,\dfrac{\pi}{2}\right]$。

课后习题

已知 $y_1 = 1$，$y_2 = -\dfrac{\pi}{2}x$，$y_3 = \cos x$，$x\in\left[0,\dfrac{\pi}{2}\right]$，求三者所围成的图形

的面积 S。

第四节 相对运动及其应用

问题 如图 7 – 4 – 1 所示，在某海滨城市 O 附近海面有一台风。据监测，当前台风中心位于城市 O 的东偏南 $\theta\left(\theta = \arccos\dfrac{\sqrt{2}}{10}\right)$ 方向 300km 的海面 P 处，并以 20km/h 的速度向西偏北 45° 方向移动，台风侵袭范围为圆形区域，当前半径为 60km，并以 10km/h 的速度不断增大，问：几小时后该城市开始受到台风的侵袭？

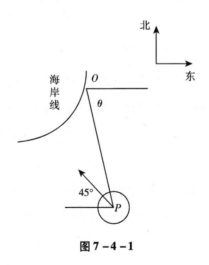

图 7 – 4 – 1

解一 依题意可知，台风可近似看作以波速为 10km/h 向四周传播的机械波，且波源（台风）以 20km/h 的速度从 P 点向西偏北 45° 方向匀速前进。取 0 时刻 PO 方向上距波源 P 60km 波前上的一点为研究对象，相对

城市 O 以速度 $V_{相对}=20\cos(\theta-45°)+10$ 匀速前进。设经过 t 小时台风到达城市 O，则 t 小时内发生的相对位移 $S_{相对}=300-60=240$，由 $V_{相对}\cdot t=S_{相对}$，得

$$[20\cos(\theta-45°)+10]\,t=240，即$$

$$(20\cos\theta\cos45°+20\sin\theta\sin45°+10)\,t=240，即$$

代入数据解得 $t=12$。即 12h 后该城市开始受到台风的侵袭。

解二 本题也可用运动分解的知识求解。

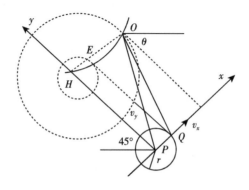

图 7-4-2

如图 7-4-2 所示，在台风中心位置 P 建立直角坐标系 xPy，沿台风中心移动方向建立 y 轴，令台风区域圆周与 x 正半轴交点为 Q，容易判断 Q 点最先到达城市 O。Q 点在沿 QO 向 O 移动的过程中做匀速直线运动，其运动可分解为 y 轴正方向 $v_y=20\text{km/h}$ 的匀速直线运动和沿 x 轴正方向 $v_x=10\text{km/h}$ 的匀速直线运动，当 Q 点到达 O 时，城市开始受到台风侵袭，这时 Q 点在 x 轴上发生的分位移是 EO。设经历 t 小时，由匀速直线运动位移时间关系得，$t=\dfrac{EQ}{v_X}$。

在 Rt$\triangle OPH$ 中，$OH=OP\sin(\theta-45°)$，$EO=OH-r$，所以

$$t=\frac{EQ}{v_X}=\frac{OP\sin(\theta-45°)-r}{v_x}=\frac{OP(\sin\theta\cos-45°\cos\theta-\sin45°)-r}{v_x}$$

$$= \frac{OP(\sqrt{1 - \cos^2\theta}\cos45° - \cos\theta\sin45°) - r}{v_x}$$

$$= \frac{300\left[\sqrt{1 - \left(\frac{\sqrt{2}}{10}\right)^2} \times \frac{\sqrt{2}}{2} - \frac{\sqrt{2}}{10} \times \frac{\sqrt{2}}{2}\right] - 60}{10}$$

$$= 12$$

上题解法二运用了运动分解知识，直线参数方程 $\begin{cases} x = x_1 + at \\ y = y_1 + bt \end{cases}$（$t$ 为参数）

的物理意义为：

（1）t 表示从位置 (x_1, y_1) 运动到位置 (x, y) 所需时间；

（2）a，b 分别表示 x，y 轴方向的分速度；

（3）坐标 $(x - x_1)$ 与 $(y - y_1)$ 分别表示 x 轴和 y 轴方向的位移。

课后习题

1. 如图 7 - 4 - 3 所示，一人站在距平直公路 50m 处的 a 点，望见离他 250m 处的 b 点，有一公共汽车正以 10m/s 的速度匀速行驶，求：人若要赶上公共汽车，此时他至少要以多大速度出发？

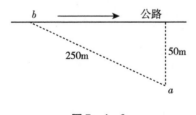

图 7 - 4 - 3

2. 据气象台预报，在 A 市正东方 300km 的 B 处有一台风中心，它以 40km/h 的速度向西北方向移动，距台风中心 250km 以内的地方都要受其影响，问：从现在起大约经过多长时间台风将影响 A，持续多长时间？（精确到 0.1h）。

第八章

光学原理
在数学中的应用

在自然界中，光的传播具有直线性与可逆性等特征。当光线照射到一平面镜子上时，入射光线与反射光线关于平面镜子的法线对称；当光线从椭圆镜的一个焦点发出，射到椭圆镜面上，其反射光线必经过另一个焦点……。把物理学中这些光学性质运用于数学问题中，可以提高解题速度，避免繁杂的推理与运算。

第一节　费马原理及其应用

费马原理：在光学介质里，光在指定两点间实际的光程总是比通过同样两点间其他一切可能的光程来得短，又称最小时间原理或最短光程原理。

对于均匀介质或真空，费马原理直接引出光的直线传播定律；当光通过两种不同介质的分界面时，这一原理可给出光的反射定律和折射定律。

施瓦兹是 19 世纪德国著名的数学家，他提出过这样一个问题：

问题　求作锐角三角形的内接三角形中周长最短者。

分析　用纯数学方法很难猜测出这样的三角形是否存在，但若用费马原理可知，这样的三角形是存在的，且正好是它的垂足三角形（以原三角形的三条高的垂足为顶点的三角形）。

证　如图 8 – 1 – 1 所示，若在 BC 边（平面镜）上放一光源，经平面镜 AC，AB 反射若能回到原 D 点，则 D，E，F 三点正好是 $\triangle ABC$ 的三条高线的垂足，这时可证 $\angle 1 = \angle 2$，$\angle 3 = \angle 4$，$\angle 5 = \angle 6$（入射角等于反射角，高线各为法线），光线虽然跑得快，但它也走捷径，故 $\triangle DEF$ 为周长最短的内接三角形。证毕。

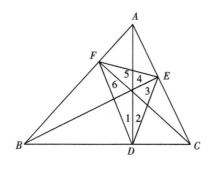

图 8 - 1 - 1

这里的 △DEF 又称"光路三角形"，它的意义是显见的。

费马原理不但可以证明"施瓦兹问题"，还可以证明椭圆的切线性质。

例 椭圆的切线与在切点所作的两条焦半径构成的两角相等。

证 如图 8 - 1 - 2 所示，设 F_1，F_2 为椭圆的两个焦点，直线 MN 为过椭圆上点 P 的切线。

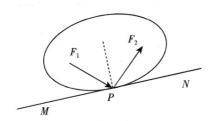

图 8 - 1 - 2

因为切线上所有其他的点 P'（图中未画出）都在椭圆外，根据椭圆的定义可知：折线 $F_1P'F_2$ 都比 F_1PF_2 长。根据费马原理，光总是沿着所花时间最短的路径传播，因此从焦点 F_1 出发的光线经切线反射后必过焦点 F_2，反射点就是点 P。根据光的反射定律可知，椭圆的切线与在切点所作的两条焦半径构成的两角相等。证毕。

此题在第五节还有另外一种证法。

费马原理证法简介

费马原理是在 1657 年提出的，最初是用微积分的方法来证明的。人们很长一段时间一直怀疑它的初等数学法证明存在的可能性。但 1962—1964 年间国际上相继出现好几种初等数学的证法。这里介绍其中一种。

若设 $AP'B$ 为光线从介质 I 进入介质 II 的路径（图 8 - 1 - 3），光在它们中的传播速度分别为 v_1 和 $v_2(v_2 > v_1)$，光沿此线传播所需时间为

$$t_1 = AP'/v_1 + P'B/v_2 。$$

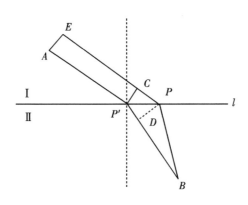

图 8 - 1 - 3

在两介质面界限 l 上任取一点 P，光沿 APB 传播所需时间为

$$t_2 = \frac{AP}{v_1} + \frac{PB}{v_2} 。$$

今只需证 $t_1 < t_2$。

过 P 作 $PD \perp P'B$，$PE /\!/ AP'$，过 A 作 $AE \perp PE$，过 P' 作 $P'C \perp PE$，且令 $\angle CP'P = \alpha$，$\angle DP'P = \beta$，则

$$\frac{CP}{DP'} = \frac{\dfrac{CP}{P'P}}{\dfrac{DP'}{P'P}} = \frac{\sin\alpha}{\sin\beta}。$$

由光的折射定律 $\dfrac{\sin\alpha}{\sin\beta} = \dfrac{v_1}{v_2}$ 得

$$\frac{CP}{DP'} = \frac{v_1}{v_2} \ 即 \frac{CP}{v_1} = \frac{DP'}{v_2}。$$

于是 $t_1 = \dfrac{AP'}{v_1} + \dfrac{P'B}{v_2} = \dfrac{EC}{v_1} + \dfrac{(P'D + DB)}{v_2}$

$$= \frac{EC}{v_1} + \frac{CP}{v_1} + \frac{DB}{v_2} = \frac{EP}{v_1} + \frac{DB}{v_2}。$$

$t_2 = \dfrac{AP}{v_1} + \dfrac{PB}{v_2} > \dfrac{EP}{v_1} + \dfrac{PB}{v_2} > \dfrac{EP}{v_1} + \dfrac{DB}{v_2}。$

所以 $t_1 < t_2$。证毕。

第二节　平面镜成像原理及其应用（一）

光的反射定律为：反射光线与入射光线、法线在同一平面上；反射光线和入射光线分居在法线的两侧；反射角等于入射角。

平面镜成像原理遵循光的反射定律，具体可概括为：像与物体关于平面镜对称；任何一条反射光线反向延长线必经过像点。

本节介绍用平面镜成像原理求最值的问题。

在几何中，"将军饮马"问题为人们所熟知。这个问题早在古希腊时代就有了。传说亚历山大城有一位精通数学和物理的学者，名叫海伦。有一天，一位将军向他请教了一个问题：将军每天从军营 A 出发，先到河边饮马，然后再去河岸同侧的 B 地开会，应该怎样走才能使路程最短？

从此，这个被称为"将军饮马"的问题广泛流传。这个问题的解决并不难，据说海伦略加思索就解决了。

如图 8 - 2 - 1 所示，从 A 出发向河岸引垂线，垂足为 D，在 AD 的延长线上取 A 关于河岸的对称点 A'。连结 $A'B$，与河岸线相交于 C，则 C 点就是饮马的地方。

如果将军在河边的另外任一点 C' 饮马，所走的路程就是 $AC' + C'B$，但是 $AC' + C'B = A'C' + C'B > A'B = A'C + CB = AC + CB$。可见，$C$ 点外任何一点 C' 饮马，所走的路程都要远一些。

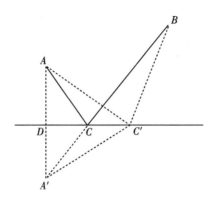

图 8 – 2 – 1

下面我们来看用平面镜成像原理求最值的几个例子。

问题 已知点 A（-3，3）和圆 C: $x^2 + y^2 - 4x - 4y + 7 = 0$，一束光线 l 从点 A 出发，经过 x 轴反射后与圆 C 相切。求：

（1）从点 A 出发到切点的路程的最小值；

（2）光线 l 所在的直线方程。

分析 由平面镜成像原理可知，作 A 关于 x 轴的对称点 A_1，则 A_1P，A_1Q 为光线从点 A 出发到切点的路程的最小值（图 8 – 2 – 2）。若设入射光线所在的方程为 $y - 3 = k(x + 3)$，则反射光线所在的直线方程是 $-y - 3 = k(x + 3)$，再利用直线是圆的切线条件即可求解。

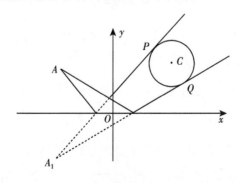

图 8 – 2 – 2

解　（1）作点 A（-3，3）关于 x 轴的对称点 A_1（-3，-3），过点 A_1（-3，-3）作圆 C 的两条切线 A_1P，A_1Q，则光线从点 A 出发到切点的路程的最小值即为 A_1P，A_1Q 的长，且 $A_1P = A_1Q = \sqrt{A_1C^2 - R^2} = 7$。

（2）设入射光线所在的方程为 $y - 3 = k$（$x + 3$），则反射光线所在的直线方程是 $-y - 3 = k$（$x + 3$），即 $y = -kx - 3k - 3$。又因为反射光线所在的直线和已知圆相切，所以 $\dfrac{|-2k - 3k - 3 - 2|}{\sqrt{1 + (-k)^2}} = 1$，即 $k = -\dfrac{3}{4}$ 或 $k = -\dfrac{4}{3}$。所以，入射光线所在直线的方程为：$y - 3 = -\dfrac{3}{4}$（$x + 3$）或 $y - 3 = -\dfrac{4}{3}$（$x + 3$），即 $3x + 4y - 3 = 0$ 或 $4x + 3y + 3 = 0$。

例1　对正方形 $ABCD$，设 E 在其边 BC 上，且 $BE = 2$，$CE = 1$（图8 - 2 - 3），P 在 BD 上，则 PC 和 PE 的长度之和的最小值为多少？

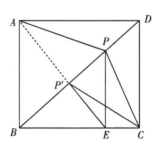

图 8 - 2 - 3

解　如果把 BD 看作一个平面镜，选好入射点，光线从 C 点射向 P' 点，经反射后应恰使光线经过 E 点。

根据平面镜成像原理可知，C 点对平面镜 BD 所成虚像 C' 必与 A 点重合。所以连接 AE 与 BD 交于 P'，P' 即为入射点。$AE = AP' + P'E = P'C + P'E$ 为所求的最小值。易得最小值为 $AE = \sqrt{2^2 + 3^2} = \sqrt{13}$。

例2　当 x 为何值时，函数 $y = \sqrt{x^2 + 4} + \sqrt{x^2 - 6x + 25}$ 有最小值？请求

出最小值。

解　因为 $y = \sqrt{x^2 + 2^2} + \sqrt{(x-3)^2 + 4^2}$ 可看作 x 轴上任一点 $P\,(x,0)$ 到两点 $A\,(0,2)$ 和 $B\,(3,4)$ 的距离之和。故由图 $8-2-4$，可知 $y = |PA| + |PB|$。于是函数 y 的最小值问题便转化为：在 x 轴上求一点 P'，使得 $|P'A| + |P'B|$ 为最小。

如果把 x 轴看作一个平面镜，选好入射点 P'，光线从 B 点射向 P' 点，经反射后应恰使光线经过 A 点，根据平面镜成像原理可知，B 点对于 x 轴所成虚像 B' 必与 B 点关于 x 轴对称。所以连接 AB' 交于 P' 点，P' 点即为入射点。易求 P' 的坐标为 $(1,0)$。即当 $x = 1$ 时，函数的最小值为 $3\sqrt{5}$。

下面我们再举几个例子说明利用光线反射变换来解一些最值问题的方法。

先介绍一个结论：

边数及周长给定的多边形，以正多边形面积最大。

此结论可用刚体的性质证明，证略。

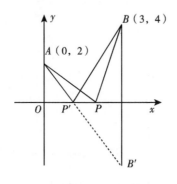

图 $8-2-4$

问题　某农场打算用三块宽为 1（$AB = BC = CD = 1$）的水泥板搭一个水槽，其截面如图 $8-2-5$ 所示。又设其侧面与底面的夹角分别为 α，β，问 α，β 为何值时，水槽的截面积最大？

解　以水槽上口线 AD 为镜面，作出水槽的像，这时四边形 $ABCD$ 与其虚像组成六边形 $ABCDC'B'$，且各边相等，由上述结论可知当它为正六边形时，面积最大。

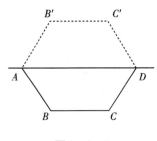

图 8 - 2 - 5

此时　$\angle ABC = \angle BCD = 120°$

即　$\alpha = \beta = 120°$。

本题若用三角函数去解，则较麻烦。

例 3　在一个矩形的房间内，用两块总长为 l 的屏风隔出一块地方（图 8 - 2 - 6），欲使其面积最大应如何设置？

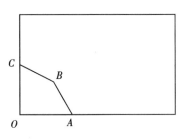

图 8 - 2 - 6

解　先将四边形 $OABC$ 以 OC 为镜面反射成像得五边形 $ABCB'A'$，再将五边形 $ABCB'A'$ 以 $A'A$ 为镜面反射成像得八边形 $ABCB'A'B''C''B'''$（图 8 - 2 - 7），这样一来，问题化为：周长给定（$4l$）的八边形何时面积最大？

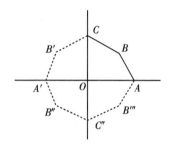

图 8 - 2 - 7

显然，当它是正八边形时面积最大，这时边长为 $\dfrac{l}{2}$，即屏风隔出的地方应是正八边形的 $\dfrac{1}{4}$。

上面所举例子均属求最值问题，其实不止于此，请看下例。

例 4　如图 8 - 2 - 8 所示，设 α，β，γ 为锐角 $\triangle ABC$ 的三个内角，且 $\alpha < \beta < \gamma$，证明：$\sin 2\alpha < \sin 2\beta < \sin 2\gamma$。

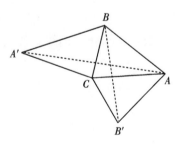

图 8 - 2 - 8

证　不妨设 $\angle CAB = \alpha$，$\angle CBA = \beta$，$\angle ACB = \gamma$。分别以 AC，BC 为镜面，作出 $\triangle ABC$ 的像得 $\triangle AB'C$ 和 $\triangle A'BC$，则 $S_{\triangle ABC} = S_{A'BC} = S_{\triangle AB'C}$。连结 AA'，BB'，因为 $\alpha < \beta$，所以 $BC < AC$，

因而 $S_{\triangle BCB'} = \dfrac{1}{2}BC^2\sin 2\gamma < S_{\triangle ACA'} = \dfrac{1}{2}AC^2\sin 2\gamma$，

故 $S_{\triangle BAB'} = \frac{1}{2}AB^2\sin2\alpha = 2S_{\triangle ABC} - S_{\triangle BCB'} > 2S_{\triangle ABC} - S_{\triangle ACA'} = S_{ABA'} =$

$\frac{1}{2}AB^2\sin2\beta$,

即 $\sin2\alpha > \sin2\beta$。同理可证 $\sin2\beta > \sin2\gamma$。

所以 $\sin2\alpha > \sin2\beta > \sin2\gamma$。证毕。

课后习题

1. 已知函数 $f(x) = \sqrt{x^2-4x+13} + \sqrt{x^2-2x+5}$，求 $f(x)$ 的最小值。

2. P 为锐角 $\angle MAN$ 内一点，在 AM，AN 上分别求点 Q，R，使 $PR + QR + QP$ 最小。

3. 若 P 为 $\triangle ABC$ 内一点，试在边 AB，BC，CA 上分别求点 Q，R，S，使 $PQ + QR + RS + SP$ 最小。

4. 在一块半椭圆形的铁片中，可剪得的最大的梯形面积是多少?（椭圆长、短半轴各为 a, b)

5. 在边长为 1 的正 $\triangle ABC$ 中求作一曲线，使其将该三角形面积等分，且它的长度最短。

第三节　平面镜成像原理及其应用（二）

　　台球是一项很多人都喜爱的体育活动，我们也经常在斯诺克比赛中看到那些选手的精彩击球。实际上打台球无时无刻都需要应用海伦的妙法。

　　下面我们来看几例台球问题。

　　问题 1　一张台球桌形状是矩形 $ABCD$，一个球从 AB 的中点 P 被击出，击中 BC 边上的某点 Q，并且依次碰击 CD，DA 各边，最后击中 AB 边上的某一点，设 $\angle BPQ = \theta$，求 θ 的取值范围（图 $8-3-1$）。

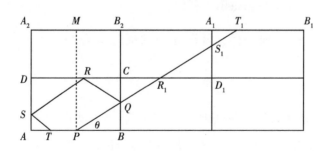

图 $8-3-1$

　　解　设矩形的长为 a，宽为 b。将矩形 $ABCD$ 多次反射成像后（分别以 BC，CD_1，D_1A_1，A_1B_1 为镜面），延长 PQ 交这些矩形于 R_1，S_1，T_1 各点。

　　设求击中 CD，DA，AB 各边的点分别是 R，S，T，由于入射角等于反射角，易证 $\triangle QCR \cong \triangle QCR_1$，$\triangle RDS \cong \triangle R_1D_1S_1$，$\triangle SAT \cong \triangle S_1A_1T_1$。

　　球击中 CD 上的 R 点，相当于球击中 CD_1 上的 R_1 点；球击中 DA 上的

S 点，相当于球击中 D_1A_1 上的 S_1 点；球击中 AB 上的 T 点，相当于球击中 A_1B_1 上的 T_1 点。

因此，球行走的折线 $RQRST$ 便转化为直线 $RQR_1S_1T_1$，那么只需讨论直线 PT_1 即可。

易证 T_1，A_1，B_2，A_2 共线，设这一直线与 AB 的中垂线相交于 M，并且有 $T_1M /\!/ BA$，$T_1M \perp MP$。因此，必有 $\angle PB_1M < \angle PT_1M = \angle BPQ = \theta < \angle PA_1M$。

因为 $\tan \angle PA_1M = \dfrac{MP}{MB_1} = \dfrac{2b}{2a + \dfrac{a}{2}} = \dfrac{4b}{5a}$；$\tan \angle PA_1M = \dfrac{MP}{MA_1} = \dfrac{2b}{a + \dfrac{a}{2}} =$

$\dfrac{4b}{3a}$，所以 $\dfrac{4b}{5a} < \tan \dfrac{4b}{3a}$，$\theta$ 的取值范围为 $\tan^{-1} \dfrac{4b}{5a} < \theta < \tan^{-1} \dfrac{4b}{3a}$。

注 以上所示方法的实质是将折线通过相应的变换化为直线来讨论。

问题 2 若题中 P 不是 AB 的中点，而是 AB 上任意点，$BP = \lambda a$（$0 < \lambda < 1$）。则此时 θ 的取值范围为多少？

解 方法同上题一样，可得 θ 的取值范围为 $\tan^{-1} \dfrac{2b}{2a + \lambda a} < \theta < \tan^{-1} \dfrac{4b}{a + \lambda a}$。

问题 3 若 P，T 为 AB 边上两定点，问：θ 多大时才能使从 P 被击出的小球依次碰击矩形 $ABCD$ 的各边各一次后，正好回到 T 点？

解 设小球以 θ 角自 P 被击出后回到 T，则小球的轨迹经问题 1 所示的反射后，成为连接 P，T_1 的直线段，其中 $AT = A_1T_1$。

设 $BP = \lambda_1 a$（$0 < \lambda_1 < 1$），$BT = B_1T_1 = \lambda_2 a$（$0 < \lambda_2 < 1$）。则 $A_1T_1 = AB - BT = (1 - \lambda_2) a$，$MB_2 = BP = \lambda_1 A$，$PM = 2b$。

所以 $MT_1 = MB_2 + B_2A_1 + A_1T_1 = \lambda_1 a + a + a - \lambda_2 a = (2 + \lambda_1 - \lambda_2) a$。

故 $\theta = \tan^{-1} \dfrac{PM}{MT_1} = \tan^{-1} \dfrac{2b}{(2 + \lambda_1 - \lambda_2)a}$。

问题 4 若 P，T 为 AB 边上两定点，问：θ 多大时才能使从 P 被击出的小球碰击矩形 $ABCD$ 各边恰好 r 次，且每次碰击点均不同，最后击中 T 点？

解 延长 $\square ABB_1A_1$ 的边 BB_1 和 AA_1（图 $8-3-2$），并在延长线上分别截取 $B_1B_2 = B_2B_3 = \cdots = B_{r-1}B_r = BB_1$ 和 $A_1A_2 = A_2A_3 = \cdots = A_{r-1}A_r = AA_1$，再连接 A_2B_2，A_3B_3，$\cdots$，A_rB_r，得 $r-1$ 个与 ABB_1A_1 全等的平行四边形，然后在 A_rB_r 上取点 T_r，使 $B_rT_r = BT$，连接 PT_r，则 $\angle BPT_r$ 为所求 θ。

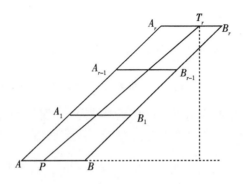

图 $8-3-2$

仿上可计算得 $\theta = \tan^{-1} \dfrac{2br}{2ar + (\lambda_1 - \lambda_2)a}$。

若要求小球自 P 出发撞各边 r 次后最后回到 AB 边，则角 θ 取值范围为（即 λ_2 由 0 变到 1 即可）

$$\tan^{-1} \frac{2br}{2ar + \lambda_1 a} < \theta \tan^{-1} \frac{2br}{2ar + (\lambda_1 - 1)a}。$$

问题 5 用上面的方法可求出在长为 a，宽为 b 的矩形 $ABCD$ 内周长最短的内接四边形（图 $8-3-3$）。

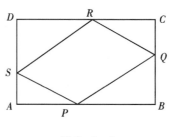

图 8 - 3 - 3

解 设点 P 为 AB 边上任一点，因为小球自点 P 被击出后撞击各边最后仍回到点 P，所以在问题 3 中有 $BP = BT$，即 $\lambda_1 = \lambda_2$，此时 $\theta = \tan^{-1}\dfrac{b}{a}$。小球的轨迹（反射后的长为 AA_1）即为周长最短的内接四边形。

问题 6 用上面的方法可求出在矩形长为 a，宽为 b 的矩形 $ABCD$ 内面积最大的内接四边形。

解 由图 8 - 3 - 3 看出此问题即为求 $\triangle PBQ$，$\triangle QCR$，$\triangle RDS$，$\triangle SAP$ 的面积之和 y 为最小。

易证出 $\triangle PBQ \cong \triangle RDS$，$\triangle QCR \cong \triangle SAP$，$\because \angle BPQ = \tan^{-1}\dfrac{b}{a}$，$\therefore$ 设 $QB = kb$，$PB = ka$，则 $QC = (1 - k)b$，$AP = RC = (1 - k)a$（这里 $0 < k < 1$）。所以有

$$y = k^2 ab + (1 - k)^2 ab = (2k^2 - 2k + 1)ab$$

当 $k = \dfrac{1}{2}$ 时，y 有最小值。即小球自 AB 中点被击出后撞击各边最后回到点 P 时的轨迹四边形的面积最大，此四边形为菱形。

课后习题

1. 已知长方形的四个顶点 $A(0, 0)$，$B(2, 0)$，$C(2, 1)$ 和 $D(0, 1)$，一质点从 AB 的中点 P_0 沿与 AB 夹角为 θ 的方向射到 BC 上的点 P_1 后，依次反射到 CD，DA 和 AB 上的点 P_2，P_3 和 P_4（入射角等于反射

角）。设 P_4 的坐标为 $(x_4, 0)$。若 $1 < x_4 < 2$，则 $\tan\theta$ 的取值范围是（　　）

A. $\left(\dfrac{1}{3},\ 1\right)$

B. $\left(\dfrac{1}{3},\ \dfrac{2}{3}\right)$

C. $\left(\dfrac{2}{5},\ \dfrac{1}{2}\right)$

D. $\left(\dfrac{2}{5},\ \dfrac{2}{3}\right)$

2. 正方形 $ABCD$ 的边长为 1，点 E 在边 AB 上，点 F 在边 BC 上，$AE = BF = \dfrac{3}{7}$，动点 P 从 E 出发沿直线向 F 运动，每当碰到正方形的边时反弹，反弹时反射角等于入射角，当点 P 第一次碰到 E 时，点 P 与正方形的边碰撞的次数为（　　）

A. 16

B. 14

C. 12

D. 10

📖 阅读与思考

他山之石　可以攻玉

我们已经知道很多问题可以用多种方法去解决，这关键在于观察、思索和探究，做有心人。习题 1 可以用平面镜成像原理去做，但你是否发现它也可以用另一种物理方法去解决呢？下面我们介绍另一种方法——借用运动的合成和分解知识。

如图 $8-3-4$ 所示，以 O 为原点，OB 为 x 轴，OD 为 y 轴建立直角坐标系。设质点从 P_0 处射出的速度为 v，将速度沿 x，y 轴分解为 $v_x = v\cos\theta$，

$v_y = v\sin\theta$，由于每次与各边的碰撞的入射角等于反射角，故质点每次碰撞的时候不改变 x，y 方向上的分速度的大小。当质点经过 $P_0 \to P_1 \to P_2 \to P_3 \to P_4$ 的过程中，在 y 轴上的总路程为 2，在 x 轴上的总路程为 $3 + x_4$，设所用的时间为 t，则有：

$$y = 2 = (v\sin\theta)t \tag{1}$$

$$x = 3 + x_4 = (v\cos\theta)t \tag{2}$$

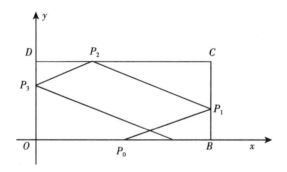

图 8 - 3 - 4

由（1）、（2）两式相除可得：$\tan\theta = \dfrac{2}{3 + x_4}$，由 $1 < x_4 < 2$ 得：

$\tan\theta \in \left(\dfrac{2}{5}, \dfrac{1}{2} \right)$。

所得结果与用光学原理去解相同。

请读者试着求解当 $0 < x_4 < 1$ 时，$\tan\theta$ 的取值范围。

第四节 光的折射定律及其应用

在第二节中我们已解答了"将军饮马"问题，但若将军饮完马要到河对岸的 B 处开会（这里假设河水足够浅，马可以蹚水过河），我们知道马在岸上的行走速度要比水中快，那么将军从 A 出发是否还是在 C 点饮马，然后再过河去 B 处呢？答案是否定的，那么这时将军应该在何处饮马呢？看完这一节，我们自然就能解决这个问题了。

我们先来看光的折射定律：

（1）折射光线总在入射光线和法线所决定的平面内，折射光线和入射光线分居于法线的两侧。

（2）对于任意给定的两种介质来说，入射角 α 的正弦和折射角 β 的正弦之比是一个常数，它等于光在两种介质中对应的光速之比，即 $\dfrac{\sin\alpha}{\sin\beta} = \dfrac{v_1}{v_2}$。

（3）入射角增大时，折射角也随着增大。

（4）光由光密介质射到光疏介质时，若入射角大于临界角（使折射角变为 $90°$ 时的入射角），光线不发生折射，而全部返回到原介质中继续传播。

利用上面的结论，我们可以处理一些问题。

在第六章关于两栖车辆选择登陆点的例子中，若从光的折射定律和费马原理考虑，结论几乎是显然的。

设光在两种介质中的传播速度分别为 v_1，v_2，只需将 A 视为入射线的点光源，将 B 视为折射线的终端，根据折射定律可有 $\dfrac{\sin\alpha}{\sin\beta}=\dfrac{v_1}{v_2}$，再根据费马原理（光总是沿着所花时间最短的路径传播）即可求得点 X 的位置。

问题 如图 $8-4-1$ 所示，由 A 城运物到 B 城，先走一段水路 AD，再走一段公路 DB，已知水路运费是公路运费的一半，$AC=40\text{km}$，$BC=30\text{km}$，问：码头建在何处才能使运费最省？

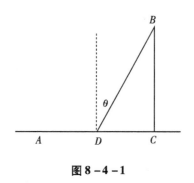

图 $8-4-1$

分析 本题可建立方程求解，但如果采用物理学中光的全反射知识类比巧解，将更加快速准确。

解 设上方折射率（水路运费）为 n_1，下方折射率（陆路运费）为 n_2，设光从 B 入射到 D 的入射角为 θ 时（码头建在 D 点），对应的折射角为 $90°$（先走一段水路 AD，再走一段公路 DB）。由费马原理知，光传播的路程最短（运费最省）。

由光的全反射条件得 $\sin\theta=\dfrac{n_1}{n_2}=\dfrac{1}{2}$，解得 $\theta=30°$。如图 $8-4-1$ 所示，

$CD=BC\tan30°=30\cdot\dfrac{\sqrt{3}}{3}=10\sqrt{3}$。所以 $AD=AC-CD=40-10\sqrt{3}\approx22.68$。

因此，把码头建在距 A 城约 22.68km 的地方运费最省。

例1 如图 $8-4-2$ 所示，有一平直公路 MN，在距离公路上 C 点垂直距离 $d=30\text{km}$ 处有一基地 A，公路上有卸货点 B，B 与 C 相距 $L=100\text{km}$。

一辆货车从 A 点出发，在公路外的平地上的行驶速度 $v_1 = 40\mathrm{km/h}$，在公路上的行驶速度 $v_2 = 50\mathrm{km/h}$。货车从 A 行驶到 B 的最短时间是多少？

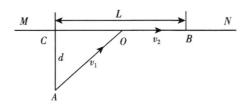

图 8-4-2

解 如果建立函数关系再求值，非常烦琐。由 $v_1 < v_2$，联想到光的全反射规律，车在平地和公路上的运动可设想为光从光密介质（n_1）进入光疏介质（n_2），且正好处于全反射的临界状态。由费马原理知，光总是沿着用时最短的路程传播。根据光的折射定律 $\dfrac{\sin\alpha}{\sin 90°} = \dfrac{v_1}{v_2} = \dfrac{4}{5}$，得 $\sin\alpha = \dfrac{4}{5}$。

又 $OC = d\tan\alpha = 30 \times \dfrac{4}{3} = 40$，所以 $AO = 50$，$OB = 60\mathrm{km}$。所需时间 $t = \dfrac{AO}{v_1} + \dfrac{OB}{v_2} = \dfrac{50}{40} = \dfrac{60}{50} = 2.45$。

通过上述几个例子，我们可得以下结论：

如图 8-4-3 所示，n_1 和 n_2 是两种不同介质的折射率，设 APB 是一条可能的传播路线，则当且仅当它满足 $n_1\sin\alpha = n_2\sin\beta$ 时，光程 $S_{APB} = n_1 AP + n_2 BP$ 取最小值。

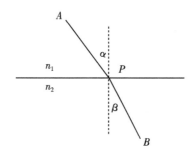

图 8 – 4 – 3

这个结果可推广到任意多介质。

例2 如图 8 – 4 – 4 所示，A，B 两地间隔着一条河，MM' 和 NN' 是平行的河岸，从 A 到 B 要经过草地、河水和沙地。图中各线段长度为：$MM' = NN' = 190\text{m}$，$MN = M'N' = 45\text{m}$，$AM = 150\text{m}$，$BN' = 120\text{m}$。现有一批货物要从 A 运到 B，已知它在草地、河水和沙地上的运费价格分别为 $p = 2.125$ 元/m，$q = 1.25$ 元/m，$r = 2.6$ 元/m。试确定一条路径 $AXYB$，使沿 $AXYB$ 运货时的总运费最节省。

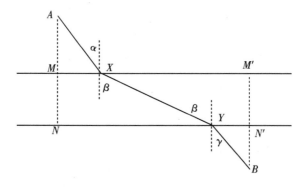

图 8 – 4 – 4

分析 费马原理告诉我们：当光线在折射率变化的介质中传播时，当且仅当光的传播路径满足折射定律时，其光程达到最小值。由题意可知，本题的总运费为 $F = p \cdot AX + q \cdot XY + r \cdot BY$，与光程的表达式相似。故我们可以把"总运费"类比为"光程",把"运费价格"类比为"折射率",把"运输路径"类比为"光传播路线"。然后,运用费马定理和折射定律求解。

解 为使总运费最节省,运输路径应满足条件:$p \cdot \sin\alpha = q \cdot \sin\beta = r \cdot \sin\gamma$。

根据这个条件显然有 $\sin\alpha : \sin\beta : \sin\gamma = \dfrac{1}{p} : \dfrac{1}{q} : \dfrac{1}{r}$ 不妨设 $\sin\alpha = \dfrac{1}{p\sqrt{\gamma}}$,

$\sin\beta = \dfrac{1}{q\sqrt{\gamma}}$,$\sin\gamma = \dfrac{1}{r\sqrt{\gamma}}$,则利用三角函数关系可求出:

$$\tan\alpha = \frac{1}{\sqrt{p^2\gamma - 1}}, \quad \tan\beta = \frac{1}{\sqrt{q^2\gamma - 1}}, \quad \tan\lambda = \frac{1}{\sqrt{r^2\gamma - 1}} \, 。$$

又图 8-4-4 中各线段应满足 $AM\tan\alpha + MN\tan\beta + BN'\tan\gamma = MM'$,于是得到:

$$\frac{AM}{\sqrt{p^2\gamma - 1}} + \frac{MN}{\sqrt{q^2\gamma - 1}} + \frac{BN'}{\sqrt{r^2\gamma - 1}} = MM' \, 。$$

代入数据并做适当整理,即得:

$$80\sqrt{\frac{15^2}{17^2\gamma - 8^2}} + 60\sqrt{\frac{3^2}{5^2\gamma - 4^2}} + 50\sqrt{\frac{12^2}{13^2\gamma - 5^2}} = 80 + 60 + 50 \, 。$$

这是一个关于 γ 的方程,观察方程,三个根号内包含三组"勾股数":$15^2 = 17^2 - 8^2$,$3^2 = 5^2 - 4^2$,$12^2 = 13^2 - 5^2$。因此,不难看出 $\gamma = 1$ 是方程的一个解。另外,方程左侧是关于 γ 的单调减函数,所以 $\gamma = 1$ 必然是方程的唯一解。

以 $\gamma = 1$ 和 p,q,r 的数值代入 $\tan\alpha$,$\tan\beta$,$\tan\gamma$ 的表达式便可求出它们的值,进而利用 $MX = AM \cdot \tan\alpha$,$YN' = BN' \cdot \tan\beta$ 求出 $MX = 80\text{m}$,$YN' = 50\text{m}$。这样可以算出 $AX = 170\text{m}$,$XY = 75\text{m}$,$BY = 130\text{m}$,进而求出总运费 $F = p \cdot AX + q \cdot XY + r \cdot BY = 2.125 \times 127 + 1.25 \times 75 + 26 \times 130 = 793$(元)。

所以，当 MX 为 $80m$，YN' 为 $50m$ 时，沿 $AXYB$ 路线的总运费最节省，这时总运费为 793 元。

课后习题

1. 已知 A（1，2），B（8，3），在 x 轴上找一点 M，使 $2|AM|+|BM|$ 取得最小值。

2. 某个骑兵从 A 处出发到 C 处的部队本部报到，如图 8－4－5 所示。不过从 A 处到 C 处之间，必须经过沙地带和草地带（以直线 EF 为界划分草地和沙地），在草地上，马的速度约为在沙地上的 2 倍，这个骑兵必须采取何种路线，才能在最短时间内到达部队本部呢？

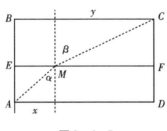

图 8－4－5

3. 有一组织在某湖岸边举行一次比赛，要求所有参赛队员都从 A 点出发，看谁最先到达距 A 点 500m 的 B 处船上。已知湖岸平直，船距湖岸垂直距离 300m，所有队员不得借助工具，其中有一参赛队员在水中最大速度为他在岸上最大速度的 $\frac{1}{3}$，他应在岸上距 A 多远处下水？（图 8－4－6）

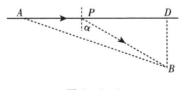

图 8－4－6

第五节 圆锥曲线的光学性质

根据光的反射定理，如图 8-5-1 所示，设 L 是一平面镜，光线沿直线 BM 射到 L 上的 M 点时，将沿 MA 反射出去，按照反射定理可知 $\angle\beta_1 = \angle\beta_2$（$MK$ 为过 M 点的法线），则 $\angle\alpha_1 = \angle\alpha_2$。

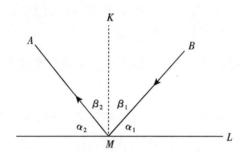

图 8-5-1

光线的这个性质也可以推广如下：

把一根定长的细绳两端固定在 A，B 两点，中间套上一个可以自由滑动的圆环，然后张紧绳子，把细圆环套在一根细棒 L 上，圆环会滑到点 M 处时停下来，这时系统处于平衡状态，势能最小（图 8-5-2）。

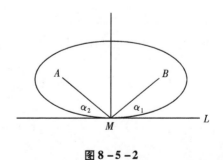

图 8-5-2

（1）由于 $MA + MB = $ 定长，故 M

点在椭圆上，由此可得出一个有趣的光学性质：从椭圆一焦点发出的光线经椭圆反射后必经过另一焦点。

同理可得出抛物线的光学性质为：从抛物线的焦点出发的光线经抛物线反射后沿着垂直于抛物线准线的直线射出，即成一束平行光线。汽车的前灯和手电筒的灯泡都安装在抛物线面（反射镜面）的焦点上，这样射出的光线是平行光线，可以照得很远。

双曲线上从一焦点发出的光线，经镜面反射后发散，反射线的反向延长线会聚在另一焦点上。探照灯的设计就是这样，所以探照灯的光可以照得面积很大。

圆锥曲线的光学性质，翻译成为数学定理为：

定理1：经过椭圆上一点的切线的法线平分这点的两个焦点半径的夹角。

定理2：经过抛物线一点的切线平分这一点的焦点半径与这点到准线的垂线所夹的角。

定理3：经过双曲线上一点的切线平分这一点的两焦点半径的夹角。

下面我们用圆锥曲线的这些物理性质来解一些数学问题。

例1 如图 8 - 5 - 3 所示，已知 P 为椭圆 $\dfrac{x^2}{a^2} + \dfrac{y^2}{b^2} = 1$（$a > b > 0$）上不为椭圆顶点的任一点，$F_1$，$F_2$ 为椭圆的两焦点，过 P 作椭圆的一条切线 l 交椭圆长轴于 T 点，则有 $\dfrac{|PF_1|}{|PF_2|} = \dfrac{|TF_1|}{|TF_2|}$，即 PT 为 $\angle F_1PF_2$ 的外角平分线。

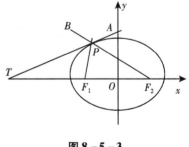

图 8 - 5 - 3

解 由椭圆的光学性质知，光线从 F_2 发出射到 P 点经切线 PT 反射后，必经过另一焦点 F_1，且切线 PT 的法线平分 P 点的两个焦点半径的夹角，故有 $\angle F_2PA = \angle F_1PT$。

$\because \angle F_2PA = \angle TPB$，$\therefore \angle F_1PT = \angle BPT$，即 PT 为 $\angle F_1PF_2$ 的外角平分线。证毕。

例 2 已知椭圆 $\dfrac{x^2}{25} + \dfrac{y^2}{16} = 1$ 内有一点 A (2，1)，F 为椭圆的左焦点，P 是椭圆上的动点，求 $|PA| + |PF|$ 的最大值与最小值。

解 如图 8 - 5 - 4 所示，设椭圆的右焦点为 F'，可知其坐标为 (3，0)。由椭圆的第一定义得：

$|PF| + |PF'| = 10$，$\therefore |PF| = 10 - |PF'|$。故 $|PA| + |PF| = |PA| + 10 - |PF'| = 10 + |PA| - |PF'|$。可知，当 P 为 AF' 的延长线与椭圆的交点时，$|PA| - |PF'|$ 最大，最大值为 $|AF'| = \sqrt{2}$，当 P 为 AF' 的延长线与椭圆的交点时，$|PA| - |PF'|$ 最小，最小值为 $-|AF'| = -\sqrt{2}$。

故 $|PA| + |PF'|$ 的最大值为 $10 + \sqrt{2}$，最小值为 $10 - \sqrt{2}$。

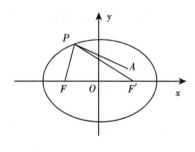

图 8 - 5 - 4

问题 如图 8 - 5 - 5 所示，已知椭圆 E 经过点 A (2，3)，对称轴为坐标轴，焦点 F_1，F_2 在 x 轴上，离心率为 $\dfrac{1}{2}$。

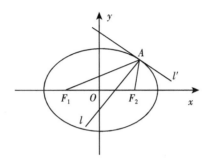

图 8 − 5 − 5

（1）求椭圆 E 的方程；

（2）求 $\angle F_1 A F_2$ 的角平分线所在的直线 l 的方程；

（3）在椭圆 E 上是否存在关于直线 l 对称的相异的两点？若存在，请找出，若不存在，请说明理由。

容易计算得，椭圆的方程为 $\dfrac{x^2}{16} + \dfrac{y^2}{12} = 1$。下面我们研究后两问，先看问题（2）。

分析　由椭圆的光学性质可知椭圆在 A 处的切线 l' 相当于平面镜，$\angle F_1 A F_2$ 的角平分线 l 是反射过程的法线。因此，我们只要求出椭圆在点 A 处的切线方程即可。

解　因为点 A（2，3）在椭圆 $\dfrac{x^2}{16} + \dfrac{y^2}{12} = 1$ 上，所以该椭圆在 A 处的切线 l' 方程为：$\dfrac{2x}{16} + \dfrac{3y}{12} = 1$，即 $x + 2y - 8 = 0$。由椭圆的光学性质可得，直线 l 与该切线相互垂直，所以直线 l 的方程为 $y - 3 = 2（x - 2）$ 即 $2x - y - 1 = 0$。

这种利用椭圆的光学性质求直线 l 的方程的方法，应该是所有方法中最快、最简洁的，并且可以非常顺利地将其推广到一般性问题中。

推广 1　设椭圆 $\dfrac{x^2}{a^2} + \dfrac{y^2}{b^2} = 1$（$a > b > 0$）的焦点为 F_1，F_2，点 A（x_0，

y_0）为椭圆上一个定点（除长轴端点），则 $\angle F_1 A F_2$ 的平分线所在的直线 l

的方程为 $y - y_0 = \dfrac{a^2 y_0}{b^2 x_0}(x - x_0)$。

证　因为椭圆在点 A 处的切线 l' 的方程为 $\dfrac{x_0 x}{a^2} + \dfrac{y_0 y}{b^2} = 1$，由椭圆的光学

性质可知 $l \perp l'$，所以直线 l 的方程为 $y - y_0 = \dfrac{a^2 y_0}{b^2 x_0}(x - x_0)$。

推广 2　设双曲线 $\dfrac{x^2}{a^2} - \dfrac{y^2}{b^2} = 1$（$a > b > 0$）的焦点为 F_1，F_2，点 A（x_0，

y_0）为双曲线上一个定点（除实轴端点），则 $\angle F_1 A F_2$ 的外角平分线所在的

直线 l 的方程为 $y - y_0 = \dfrac{a^2 y_0}{b^2 x_0}(x - x_0)$。（证明与推广 1 类似，略）

推广 3　设抛物线 $y^2 = 2px$（$p > 0$）的焦点为 F，点 A（x_0，y_0）为抛

物线上一个定点（除顶点），过点 A 作与 y 轴垂直的射线 AP（点 P 在点 A

的右侧），则 $\angle PAF$ 的平分线所在的直线 l 的方程为 $y - y_0 = -\dfrac{y_0}{p}(x - x_0)$。

（证明略）

　　上面的研究我们利用了：从圆锥曲线焦点出发的光线，经过圆锥曲线
上某点反射，则入射光线与反射光线所成的角的角平分线垂直于在该点处
的切线。

　　接下来，我们来研究第三问。我们直接把问题推广到一般形式：

　　如图 8 - 5 - 6 所示，已知椭圆 $\dfrac{x^2}{a^2} + \dfrac{y^2}{b^2} = 1$（$a > b > 0$）的焦点为 F_1，

F_2，点 A（x_0，y_0）为椭圆上一个定点（除长轴端点），则 $\angle F_1 A F_2$ 的平分

线所在的直线为 l，问：此椭圆上是否存在不同两点 M，N 关于直线 l

对称？

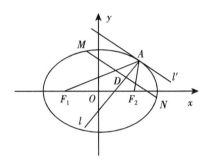

图 8 − 5 − 6

解 由题可知，显然有 $y_0 \neq 0$。

（1）当 $x_0 = 0$ 时，直线 l 就是 y 轴，所以存在不同两点 M，N 关于直线 l 对称。

（2）当 $x_0 \neq 0$ 时，椭圆在点 A 处的切线为 $l': \dfrac{x_0 x}{a^2} + \dfrac{y_0 y}{b^2} = 1$，并且 $\angle F_1 A F_2$ 的平分线所在的直线 l 的方程为 $y - y_0 = -\dfrac{a^2 y_0}{b^2 x_0}(x - x_0)$。

假设椭圆上 $M(x_1, y_1)$，$N(x_2, y_2)$ 两点关于直线 l 对称，线段 MN 中点为 D（D 在直线 l 上），则 $y_D - y_0 = -\dfrac{a^2 y_0}{b^2 x_0}(x_D - x_0)$ ①。

由于 $\begin{cases} \dfrac{x_1^2}{a^2} + \dfrac{y_1^2}{b^2} = 1, \\[2mm] \dfrac{x_2^2}{a^2} + \dfrac{y_2^2}{b^2} = 1, \end{cases}$ 两式相减得

$$k_{MN} = \frac{y_1 - y_2}{x_1 - x_2} = -\frac{b^2(x_1 + x_2)}{a^2(y_1 + y_2)} = -\frac{b^2 x_D}{a^2 y_D} = k_{切线} = -\frac{b^2 x_0}{a^2 y_0}。$$

化简得 $\dfrac{x_D}{y_D} = \dfrac{x_0}{y_0}$，可设 $x_D = x_0 t$，$y_D = y_0 t$，将其代入①式得

$$(t - 1)\left(1 - \frac{b^2}{a^2}\right) = 0,$$

所以 $t=1$，从而 $x_D=x_0$，$y_D=y_0$，点 D 与点 A 重合，即此椭圆上存在不同三点 M，A，N 共线，矛盾。故不存在满足题意的不同两点 M，N。

综上所述，除椭圆短轴的端点外，对于椭圆上其他任何定点 A，都不存在满足题意的不同两点。

于是得到如下结论：

结论 1 已知椭圆 $\dfrac{x^2}{a^2}+\dfrac{y^2}{b^2}=1$（$a>b>0$）的焦点为 F_1，F_2，点 A（x_0，y_0）为椭圆上一个定点（除长轴端点），$\angle F_1AF_2$ 的平分线所在的直线为 l，则除 A 为椭圆短轴的端点外，对于椭圆上其他任何定点 A，都不存在关于直线 l 对称的不同两点。

仿此，还有下列结论：

结论 2 已知双曲线 $\dfrac{x^2}{a^2}-\dfrac{y^2}{b^2}=1$（$a$，$b>0$）的焦点为 F_1，F_2，点 A（x_0，y_0）为双曲线上一个定点（除实轴端点），$\angle F_1AF_2$ 的外角平分线所在的直线为 l，则此双曲线上不存在相异两点关于直线 l 对称。

结论 3 已知抛物线 $y^2=2px$（$p>0$）的焦点为 F，点 A（x_0，y_0）为抛物线上一个定点（除顶点），过点 A 作与 y 轴垂直的射线 AP（点 P 在点 A 的右侧），设 $\angle PAF$ 的平分线所在的直线为 l，则抛物线上不存在相异两点关于直线 l 对称。

结论 2 和结论 3 的证明与结论 1 类似，请读者自行证明。

综上：从圆锥曲线焦点出发的光线，经过圆锥曲线上某定点（圆锥曲线的顶点除外）反射，设入射光线与反射光线的角平分线为直线 l，则圆锥曲线上不存在相异两点 M，N 关于直线 l 对称。

课后习题

1. 如图 8-5-7 所示，设椭圆的两个焦点为 F_1，F_2，直线 AB 与椭圆相切于点 P，用反证法证明：$\angle APF_1=\angle BPF_2$。

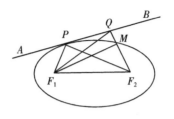

图 8-5-7

2. 已知 F_1，F_2 为椭圆 $\dfrac{x^2}{a^2} + \dfrac{y^2}{b^2} = 1$ 的两个焦点，试证明：F_1，F_2 到椭圆的任一条切线距离的乘积为定值。

3. 已知探照灯的轴截面是抛物线 $y^2 = x$，如图 8-5-8 所示，平行于对称轴 x 轴的光线在抛物线上经 P，Q 两点两次反射后，反射光线仍平行于 x 轴。求从入射点 P 到反射点 Q 的光线路程最短时的 P 点坐标。

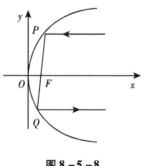

图 8-5-8

4. 已知椭圆方程 $\dfrac{x^2}{10} + \dfrac{y^2}{6} = 1$，$F_1$，$F_2$ 是左、右两个焦点，P (1，1) 是椭圆内部一点，试在椭圆上求一点 M 使 $|F_1M| + |PM|$ 最小。

5. 已知 P 为双曲线 $x^2 - y^2 = 1$ 上一点，F 为右焦点，Q $(2\sqrt{2}$，$\sqrt{2})$ 为双曲线内一点，P 是双曲线右支上一动点。求 $|PF| + |PQ|$ 的最小值。

6. 已知抛物线 C：$y = \dfrac{1}{8}x^2$，F 是其焦点，点 Q (2，4)，P 是抛物线

C 上一动点，求 $|PF| + |PQ|$ 的最小值。

📖 **阅读与思考**

实验数学

你听说过实验物理、实验化学、实验生物……，但很少听说过实验数学。其实实验数学由来已久，它是解决某些数学问题的手段。这里举几个典型的例子供大家参考。

阿基米德测皇冠

两千多年以前，意大利的西西里岛上有一个叙拉古王国，国王亥尼洛为了炫耀自己的尊贵，便命人为自己制作一顶金皇冠。

皇冠制成后，国王难辨皇冠是否掺假，因为从质量上看，看不到破绽（分量没有减少）。国王便让当时有名的学者阿基米德设法解决这个问题。

阿基米德因在浴池里发现了浮力定律——浸在液体里的物体所受的浮力等于它所排开液体的质量，他用此原理借助水的体积和浮力的计算，算出皇冠里的金不纯。

利用浮力计算物体的质量，在我国也有传闻。

曹冲称象

三国时候魏王曹操的儿子曹冲（当时他还是个孩子），曾借助水的浮力计算出大象的质量。他是这样做的：

他让人把象牵到一条船上，看船身下沉多少，且在齐水面的船帮处画一条线，然后把象牵上岸，再让人把一担担的石头放到船上，使船沉到刚好和方才画的那条线相齐的位置，然后把船上的石头一块块地称出质量，加起来即为象重。他使用了

$$船重 + 象重 = 浮力 = 船重 + 石头重$$

得出：象重 = 石头重。

爱迪生算灯泡体积

美国大发明家爱迪生，也曾借助液体的性质计算灯泡的体积。有一次爱迪生让他的助手（一位新毕业的大学生）计算一只灯泡的体积，那位助手算了满满一叠稿纸的算术，累得满头大汗，仍未算出灯泡体积。爱迪生看到这个情景便说："不必那么麻烦！"说着，他找了一只大量筒，里面放了些水，然后把灯泡放进水里看水的体积变化，所增加的体积便是灯泡的体积。

于振善"称"地图

于振善"称"地图的故事曾在数学界被传为佳话。于振善是我国工农出身的数学家。一次上级让他算一下全县的面积（因为要有一部分划归临县安国县），县地图是不规则的，计算很困难。于振善利用比重原理，巧妙地算出了这个县的面积。

他找一块质量均匀的薄板，剪成县地图形状，用秤称得它的质量 p，然后剪下一块单位面积的薄板，又称得它的质量 p_0，这样县地图的面积 $S=\dfrac{p}{p_0}$，再运用比例尺，就把 S 算出来了。这样，他把面积计算化为质量计算问题，把数学问题化为物理问题，从而使问题得到解决。

打井问题

20 世纪 60 年代，我国农村流传一个打井问题：在一块不规则的地块里想要打一口井，假如地下水资源分布无大差异，试问：井打在何处可使得用此井浇完全部地块时所花费时间最少？

这是一个极值问题（严格地讲是一个最优化问题），然而这个问题要是精确地去解决，其复杂程度远远超过人们的预料：打水灌地，当然要算地块的面积，别说算面积，就是将它的周界方程写出来也非易事（土地形状不规则）。

　　据说当年是老农们创造了一种"笨"办法，使问题解决得巧妙而简单。

　　先用纸剪出地块的形状，然后依某个方向将纸片对折，且不断搓动，以使纸片重叠部分尽量大，敲定后将纸折出一条折痕，然后换个方向再重复上面的操作，这样几次下来便形成一个小的区域，这里便是打井的最佳位置。如果还要再精细，可将所得小区域再实施前面方法或者再多选几个方向以得到更多折痕，便可进一步缩小选取范围。

　　顺便提一句，求积仪（测量不规则图形面积的一种仪器）的发明是借助了物理学上的摩擦原理（当属实验性质），它却为我们提供了计算不规则图形面积的一种近似方法。此外，还有其他求不规则图形面积的近似方法，如方格法（点格法）、蒙特卡罗法（随机试验法）等，严格地讲，这些均是实验方法。

第九章

爱因斯坦狭义相对论简介

数学和物理的联系十分密切，物理学的原理必须用数学关系式表达，而数学的结论，一般又来源于物理模型。在数学方法论中，我们不能不提及爱因斯坦的相对论以及由此所创建的宇宙模型，因为它在思想方法上大大影响了数学的思想方法。

在 20 世纪初诞生的相对论力学，是自然科学的一次大突破，它更新了我们对物质世界的认识，改变了人们的时间、空间观念。爱因斯坦在 1905 年发表了他的著名论文，提出了狭义相对论。1916 年，他又提出了广义相对论。狭义相对论是建立在大量实验的基础上的，已经得到了实际的应用，它的公式已成为某些工程计算的手段。广义相对论较复杂，数学表达式也困难得多，至今仍只为极少数几个天文事实所证实，尚未达到直接应用的阶段。

本章主要介绍狭义相对论的最基本的思想和结论。

第一节　伽利略的相对性原理

任何物体的运动都是在时间和空间中进行的，描述一个物体的运动离不开空间坐标及时间变量。

自古以来，人们根据日常生活中的亲身体验，觉得时间和空间跟我们的运动状态没有关系。在所有的参照系里，都使用着一个共同的、绝对的时间变量。"同时"的概念是绝对的，事件发生的先后顺序也是绝对的，跟任何物质的运动无关，也跟观测者的运动状态无关，这叫作时间的绝对性。同样，对于空间，人们也认为是绝对的。例如，测量某一物体的长度，无论在地面上测量，还是在飞机上测量，一般都认为测量结果是相等的，这就是空间的绝对性。对于时间和空间的这种看法，叫作绝对时空观。

对同一现象的描述，两个惯性系的时空坐标之间存在确定的变换关系，时间和空间的性质正是通过这种变换显示出来。力学相对性原理表明，任何一个力学规律在各惯性系中皆有相同的表示式，这是通过下面的伽利略变换来实现的。

设有两个参照系 S 和 S'，它们对应的坐标轴互相平行，彼此相对做匀速运动。S' 系相对 S 系的运动速度为 v，方向沿 x 轴正方向。当这两个参照系的原点 O 和 O' 重合时，将其当作计算时间的起点。现在我们来研究同一事件 P 在 S 系和 S' 系中的坐标变换公式。

如图 9 - 1 - 1 所示，设 P 点在 S 系中的空间坐标为 $(x,\ y,\ z)$，在 S' 系里空间坐标为 $(x',\ y',\ z')$，根据经典力学的时空观，事件在 S' 系中出现的时刻 t'，应该和它在 S 系中出现的时刻 t 相等，即 $t' = t$，所以有

$$\begin{cases} x' = x - vt \\ y' = y \\ z' = z \\ t' = t \end{cases}。$$

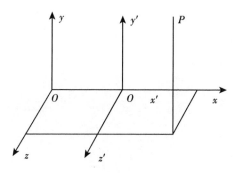

图 9 - 1 - 1

两个坐标间的这些关系叫作伽利略坐标变换，也可以将它们反过来写成

$$\begin{cases} x = x' - (-vt) \\ y = y' \\ z = z' \\ t = t' \end{cases}。$$

由伽利略的坐标变换式可以得到经典力学的速度变换公式：

$$\begin{cases} u_x = u_x' + v \\ u_y = u_y' \\ u_z = u_z' \end{cases}。$$

167

写成矢量形式为

$$u = u' + v$$

伽利略变换是经典时空观（绝对时空观）的体现。这种时空观是用三维欧几里得空间来表述的。

第二节　爱因斯坦的相对性原理

1905 年，26 岁的爱因斯坦以新的时空观指出绝对时空观的局限性，创立了狭义相对论。它建立在相对性原理和光速不变原理两个基本假设的基础上。

一、相对性原理

相对性原理认为，在一切惯性参照系中，物理学定律都是等价的。也就是说，所有物理规律在一切惯性系中都具有各自的同一表达形式。这说明运动的描述只有相对的意义，绝对静止的参照系是不存在的。在任一惯性参照系中所做的任何实验（不仅是力学实验）都不能确定这一系统本身的"绝对"运动，在所有的惯性系中，我们无法确定哪一惯性系是与众不同的，可以看出这一原理是伽利略原理的推广。

二、光速不变原理

光速不变原理指出，在彼此相对做匀速运动的任一惯性参照系中，真空中的光速具有相同量值 c（$c = 3 \times 10^8 \, \text{m/s}$），也就是说，真空中的光速是一个恒量，它与参照系的运动速度的大小和运动方向无关，与光源相对于观察者的运动也无关。简言之，即在真空中，对任何惯性系而言，光在各方向的速度都是 c，与光源的运动无关。

三、洛伦兹坐标变换公式

根据爱因斯坦的两条基本假设，可以推导出新的狭义相对论的坐标变换公式，即洛伦兹坐标变换公式。

一个物理事件，必有发生的地点 (x, y, z) 和事件 t，如此，我们有一个表示物理事件的四维时空坐标 (t, x, y, z)。从一个惯性系 K，我们测量到一个事件的坐标为 (t, x, y, z)，在另一个惯性系 K' 中测量到同一事件的坐标为 (t', x', y', z')。

如果一质点在惯性系 K 中以匀速 v 做直线运动，则在惯性系 K' 中也是做匀速直线运动，即有：

$$x - x_0 = v_x (t - t_0), \quad y - y_0 = v_y (t - t_0), \quad z - z_0 = v_z (t - t_0),$$

$$x' - x_0' = v_x' (t' - t_0'), \quad y' - y_0' = v_y' (t' - t_0'), \quad z' - z_0' = v_z' (t' - t_0'),$$

设在 K 系中的时间 t_0，地点 (x_0, y_0, z_0) 处发出一条光线，于时间 (x_1, y_1, z_1) 到达地点 K，则在 K 中，测出光速为

$$c = \frac{\sqrt{(x_1 - x_0)^2 + (y_1 - y_0)^2 + (z_1 - z_0)^2}}{t - t_0},$$

或

$$(x_1 - x_0)^2 + (y_1 - y_0)^2 + (z_1 - z_0)^2 - c^2 (t - t_0)^2 = 0。$$

在 K' 系中，测得光速亦为 c，所以

$$(x_1' - x_0')^2 + (y_1' - y_0')^2 + (z_1' - z_0')^2 - c^2 (t_1' - t_0')^2 = 0。$$

下面来导出特殊情形下的洛伦兹变换公式。

设 K' 系以匀速沿着 K 系的 x 轴方向平移，可以认为 $t = 0$ 时，坐标架 $O'x'y'z'$ 与 $Oxyz$ 重合，且 K' 系的时间 $t' = 0$。又设，在 $t = 0$ 时，有一条光线自 K 系原点 O 出发，根据光速不变条件有

$$x^2 + y^2 + z^2 - c^2 t^2 = 0 \tag{1}$$

170

$$x'^2 + y'^2 + z'^2 - c^2 t'^2 = 0 \tag{2}$$

适合式（1）、（2）的线性变换为

$$\begin{cases} x' = Ax + Bt \\ y' = y \\ z' = z \\ t' = Cx + Dt \end{cases} \tag{3}$$

根据下列已知事实，可以确定变换中常数 A，B，C，D。

（1）点 O' 在 K' 系中的坐标为 $x' = 0$，代入式（3）得到 O' 系在 K' 系的坐标为 $x = -\dfrac{B}{A}t$，又已知 O' 相对于 K 系的速度为 v，所以 $v = \dfrac{dx}{dt} = -\dfrac{B}{A}$。

同理，O 在 K' 系中的坐标为 $x' = Bt$，相应地，$t' = Dt$，又已知 O 相对于 K' 系的速度为 v，所以 $-v = \dfrac{dx'}{dt'} = \dfrac{dx'}{dt} \cdot \dfrac{dt}{dt'} = \dfrac{B}{D}$，于是有 $A = D$。

（2）以式（3）代入式（2）得：

$$A^2 x^2 + 2ABxt + B^2 t^2 + y^2 + z^2 = c^2 \left(C^2 x^2 + 2CAxt + A^2 t^2 \right)$$

即 $\left(A^2 - c^2 C^2 \right) x^2 + y^2 + z^2 + \left(2ABt - 2c^2 CAt \right) x + B^2 t^2 - c^2 A^2 t^2 = 0$

与式（1）比较得

$$\begin{cases} 2ABt - 2C^2 cAt = 0 \\ A^2 - c^2 C^2 = 1 \\ B^2 t^2 - c^2 A^2 t^2 = -c^2 t^2 \end{cases} \Rightarrow \begin{cases} B = c^2 C \\ A^2 - c^2 C = 1 \\ c^2 A^2 - B^2 = c^2 \end{cases}$$

解得

$$A = \frac{1}{\pm \sqrt{1 - v^2/c^2}}, \quad B = \frac{-v}{\pm \sqrt{1 - v^2/c^2}}, \quad C = \frac{-v/c^2}{\pm \sqrt{1 - v^2/c^2}},$$

$$D = \frac{1}{\pm \sqrt{1 - v^2/c^2}},$$

（3）因为 $v=0$ 时，变换应有

$$x'=x,\ y'=y,\ z'=z,\ t'=t,$$

所以上面几个式子的前面应取正号，且根号内的数值应保持正号，最后得到的 K' 相对 K 沿着 x 轴以匀速 v 平动时的特殊洛伦兹变换为

$$\begin{cases} x'=\dfrac{x-vt}{\sqrt{1-v^2/c^2}} \\ y'=y \\ z'=z \\ t'=\dfrac{t-(v/c^2)\ x}{\sqrt{1-v^2/c^2}} \end{cases}$$

由洛伦兹变换可以看到，在物体的运动速度远小于光速的情况下：$v<<c$，$v/c\rightarrow 0$，$1-\left(\dfrac{v^2}{c}\right)\approx 1$，洛伦兹变换退化为伽利略变换式。

从洛伦兹坐标变换式可以得到相对论中的速度变换式为

$$u'=\dfrac{u_x-v}{1-\dfrac{v}{c^2}u_x},\ u'=\dfrac{\sqrt{1-\left(\dfrac{v^2}{c}\right)u_y}}{1-\dfrac{v}{c^2}u_x},\ u'=\dfrac{\sqrt{1-\left(\dfrac{v^2}{c}\right)u_z}}{1-\dfrac{v}{c^2}u_x}。$$

在狭义相对论框架里，空间和时间都是相对的，而且二者紧密地联系在一起。正如闵可夫斯基所说："从今以后，空间本身和时间本身都已成为泡影，只有二者的结合才保持独立的存在。"这种相对时空观是用四维闵可夫斯基几何来表述的。

第三节　长度的缩短与时间的膨胀

一、长度的缩短——洛伦兹收缩

洛伦兹变换为

$$\begin{cases} x' = \dfrac{x - vt}{\sqrt{1 - v^2/c^2}} \\ y' = y \\ z' = z \\ t' = \dfrac{t - (v/c^2)\,x}{\sqrt{1 - v^2/c^2}} \end{cases} \tag{1}$$

于是

$$\begin{cases} L = x_2 - x_1 \\ T = t_2 - t_1 \\ L' = x_2' - x_1' = \dfrac{L - v_T}{\sqrt{1 - v^2/c^2}} \\ T' = t_2' - t_1' = \dfrac{T - v_L/c^2}{\sqrt{1 - v^2/c^2}} \end{cases} \tag{2}$$

若在 K' 系的轴上放一根直杆，其端点坐标为 x_2' 和 x_1'，则其距离为

$$L' = x_2' - x_1',$$

因为杆相对于 K' 系静止，所以自然可以称 L' 是杆的长度。我们称之为原长，即

$$L' = L_0'。$$

现在在 K 系来测量这根杆的长度。若我们从（2）式的第三个、第四个方程解出 L 与 L' 的关系，则已知数据不够，需要明确杆在 K 系的长度是什么意思。按照我们平常用尺度量一个物体长度的规则，是要使尺的两端同时接触到被测的物体，因此在得出杆在 K 系的长度时，需要在 K 系同时定出 x_2，x_1 的数值，即求 $T = 0$，

将此条件代入（2）式的第三个方程得

$$L' = \frac{L - v_T}{\sqrt{1 - \dfrac{v^2}{c^2}}} = \frac{L}{\sqrt{1 - \dfrac{v^2}{c^2}}}, \tag{3}$$

或

$$L = L' \sqrt{1 - \frac{v^2}{c^2}} = L_0' \sqrt{1 - \frac{v^2}{c^2}}, \tag{4}$$

所以，这条杆在 K 系测得的长度 L 比杆的原长 L_0' 短，这种现象称为洛伦兹收缩。

反之，若在 K 系中的 x 轴放一根杆，则杆的原长为 $L_0' = L$，在 K' 系测量得到的长度是在 $T' = 0$ 下的 L'，此时由（2）式的第四式得

$$T' = \frac{T - \dfrac{v_L}{c^2}}{\sqrt{1 - \dfrac{v^2}{c^2}}} = 0,$$

所以

$$T = \frac{v_L}{c^2},$$

174

代入（2）式的第三个方程得

$$L' = \frac{L - v_T}{\sqrt{1 - \frac{v^2}{c^2}}} = \frac{L - v \cdot \frac{v_T}{c^2}}{\sqrt{1 - \frac{v^2}{c^2}}} = L\frac{1 - \frac{v^2}{c^2}}{\sqrt{1 - \frac{v^2}{c^2}}} = L_0\sqrt{1 - \frac{v^2}{c^2}}$$

得到杆的长度仍然缩短了。

二、时间的膨胀

由于

$$T' = \frac{T - \frac{v_L}{c^2}}{\sqrt{1 - \frac{v^2}{c^2}}},$$

$$L' = \frac{L - v_T}{\sqrt{1 - \frac{v^2}{c^2}}},$$

设有一个钟静止置于 K' 系中的 $x_2' = x_1'$ 处。这时

$$L' = x_2' - x_1' = 0,$$

则有

$$T' = T\sqrt{1 - \frac{v^2}{c^2}},$$

或

$$T = \frac{T'}{\sqrt{1 - \frac{v^2}{c^2}}}。$$

因为 T' 是钟静止于 K' 系所指示的时间间隔，特称为 K' 系的原时间隔，记为 T_0'，所以在 K 系测得的时间间隔 T 比原时 T_0' 要大，这就叫时间膨胀。

三、相对质量和质能关系

根据洛伦兹变换，还可推出物体的质量公式：

$$m = \frac{m_0}{\sqrt{1 - \dfrac{v^2}{c^2}}},$$

其中，m_0 是 $v = 0$ 时在质点相对静止时惯性系中所测得的质量。又

$$E = m \cdot c^2,$$

其中，c 为光速，这个质能公式是一个揭示宇宙形式的伟大公式。

四、广义相对论与弯曲空间

1916 年，爱因斯坦创立并发表了广义相对论，将广义相对论推广到有引力场存在的情况中，引力场使时空发生了"弯曲"。这时的几何是非欧几何。按照广义相对论，只要存在有质量的物体，它周围的空间就是弯曲的，质量越大，弯曲越烈。从此，物质与时空不可分离。

在广义相对论中，物理与数学思维的糅合在引力场方程中更加明晰、更加和谐。爱因斯坦的引力场方程为

$$R_{\mu\nu} - \frac{1}{2} g_{\mu\nu} R + \lambda g_{\mu\nu} = k T_{\mu\nu}$$

该方程的左边为引力场几何化的量，而方程右边的 $T_{\mu\nu}$ 是不包含引力场贡献在内的物质能量——动量张量。因此，引力场方程既蕴含物理思想（左端引力场），又包含物理思想（右端 $T_{\mu\nu}$），它是一个数学方程（黎曼几何的关于 $g_{\mu\nu}$ 的非线性的微分方程）。所以，这个引力场方程确实是数学与物理的绝妙融合。

第十章

数学与大自然及宇宙的和谐

数学概念的产生、数学公式的引入、数学符号的发明都源于自然界，如为了计算星际之间的距离发明了对数符号，在微积分中，牛顿、莱布尼茨各自引进了一些导数、微分、积分的符号。数学中建立起的整套符号体系都源于大自然。

一、毕达哥拉斯的豪言"万物皆数"

几千年来，中国人苦苦地和饥饿作斗争，温饱问题是历代统治阶级难以解决的问题，所以在我们中国有"民以食为天"的话。

西方的弗洛伊德，则是普遍研究了人类和其他生物生存繁衍的问题，提出了"万物皆性"的口号。

而生活在公元前 500 多年古希腊时代的毕达哥拉斯，竟然说"万物皆数"。

这四个字，绝不是一句口头语或戏言，而是反映了毕氏学派的"世界观"。

毕氏的"万物皆数"不无道理。我们生存的大自然的一切都是可数的，都是可以用数来衡量的，世界可以用数——这种科学的语言来描写。我们生存的社会中的一切现象都是可以用数来衡量的，我们每天都在计算。

二、勾股定理——人类期望和外星人对话的第一语言

自从人造卫星、宇宙飞船上天以后，人类要到达其他星球就不再是可望不可及的事了。近几十年来，关于"火星上有没有人"的问题，有许多天文学家进行了推测，并展开了激烈的争论，得到了一些成绩。在这里，又产生了一个新的问题：怎样利用"无线信号"来和这类想象中的高等生物进行通讯呢？法国巴黎某学院曾为这个问题设立了一笔十万法郎的奖金，以奖励第一个和其他天体上的居民通讯的人。

有人曾经提出建议，把勾股定理的图形作为光线信号，可以传送给火星上或其他天体上的高等生物。这个办法从表面上看来，似乎有点开玩笑，但实际上相当有道理，因为真理总该有它不可磨灭的统一性。只要看

看我们所居住的地球，勾股定理所表达的数学内容，不论古今中外，几乎是不谋而合的。

人类和其他星球上的"高等生物"无其他的共同语言，那么将勾股定理作为交流对话的一种语言是有可能揭开宇宙奥秘的，这也是数学与宇宙的和谐。

三、相对论力学所描述的和谐宇宙

根据爱因斯坦的狭义相对论原理，在宇宙中，长度、时间、质量、动量等均可以表示为

$$l = l_0 \sqrt{1 - \frac{v^2}{c^2}}\ (\text{长度}),\quad t = t_0 \frac{1}{\sqrt{1 - \frac{v^2}{c^2}}}\ (\text{时间}),$$

$$m = \frac{m_0}{\sqrt{1 - \frac{v^2}{c^2}}}\ (\text{质量}),\quad p = \frac{m_0 v}{\sqrt{1 - \frac{v^2}{c^2}}}\ (\text{动量})。$$

这些公式，更新了我们在地球空间中长度、时间、质量、动量的观念，使人耳目一新、和谐共振。

相对论力学的另一项重要成果，是导出了质量与能量之间的简单关系。运用洛伦兹变换研究物理的动能，发现动能 $E_k = mc^2 - m_0 c^2$，m 是物体只有速度 v 时的质量，m_0 是物体速度为零时的质量，动能恰好是 $(m - m_0)c^2$，由此，爱因斯坦认识到物体的惯性大小，即质量大小，是与能量有关的，它们是以同样的状态出现的，差别只是一个常量因子 c^2，于是爱因斯坦给出了著名的质能公式

$$E = mc^2$$

爱因斯坦的这个公式可以说是描述宇宙的一个伟大的公式，它说明：

（1）宇宙是能量型的，能量是宇宙生存的强大动力。

（2）物质的质量和能量是等价的。

（3）物质中存在着巨大的能量，$E = mc^2$ 给我们指出：宇宙中存在着巨大的能量——原子能，它一旦释放，就犹如一个"太阳"。

（4）宇宙是无穷大的象征，光的速度是速度的极限。

课后习题答案

第一章　电学原理在数学中的应用

第一节　电路及其应用

1. **解**　如图 $1-1-1$ 所示，有两个定值电阻 R_1 和 R_2 串联在电压为 U 的电路上。设 R_1 两端的电压为 U_1，电路中的电能损失为 Q，可得

$$Q\ (U_1)\ = \frac{U_1^2}{R_1} + \frac{(U - U_1)^2}{R_2}$$

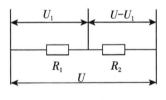

图 $1-1-1$

当有电流流过两个串联导体时，会遵循电压分配定律。根据电压分配定律分配电压，恰恰使电能在电路中损失得最少。

由串联电路中的电压分配定律，可得 $\dfrac{U_1}{R_1} = \dfrac{U - U_1}{R_2}$。

解得 $U_1 = \dfrac{R_1 U}{R_1 + R_2}$。

由此可得 $Q\ (U_1)_{\min} = \dfrac{U^2 R_1}{(R_1 + R_2)^2} + \dfrac{U^2 R_2}{(R_1 + R_2)^2} = \dfrac{U^2}{R_1 + R_2}$。

第二节　基尔霍夫定律及其应用

1. 解　假设剪成的 9 个正方形能拼成一个矩形。则把 9 个大小不等的正方形不空不重复地填到已知长方形内看成 9 个单位电阻组成的网络，每个电阻通过的电流数即为每个小正方形的边长数，如图 1-2-1 所示。设流经 R_i 的电流为 I_i（$1 \le i \le 9$），其方向如图 1-2-1 所示。

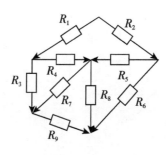

图 1-2-1

由基尔霍夫电流定律得

对于支路

$$\begin{cases} I_1 - I_3 - I_4 = 0 \\ I_2 - I_5 - I_6 = 0 \\ I_4 + I_5 - I_7 - I_8 = 0 \\ I_3 + I_7 - I_9 = 0 \end{cases}$$

对于回路

$$\begin{cases} I_2 + I_5 - I_4 - I_1 = 0 \\ I_4 + I_7 - I_3 = 0 \\ I_6 - I_8 - I_5 = 0 \\ I_8 - I_9 - I_7 = 0 \end{cases}$$

以上是 9 个未知数 8 个方程的不定方程组，我们不难解出其中一组解（它有无数组解）：

$$I_2 = \frac{18}{15}I_1 , I_3 = \frac{8}{15}I_1 , I_4 = \frac{7}{15}I_1 , I_5 = \frac{4}{15}I_1$$

$$I_6 = \frac{14}{15}I_1 , I_7 = \frac{1}{15}I_1 , I_8 = \frac{10}{15}I_1 , I_9 = \frac{9}{15}I_1$$

令 $I_1 = 15$，可得

$I_1 = 15 , I_2 = 18 , I_3 = 8 , I_4 = 7 , I_5 = 4 , I_6 = 14 , I_7 = 1 , I_8 = 10 , I_9 = 9$。

这里所得到的正是题中所给的数字。据此可拼出图 1 - 2 - 2（数字表示该正方形的边长）。

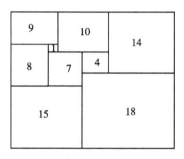

图 1 - 2 - 2

2. **解**　由基尔霍夫电流定律易解得 $I_1 = 60$，$I_2 = 44$，$I_3 = 16$，$I_4 = 28$，$I_5 = 12$，$I_6 = 19$，$I_7 = 7$，$I_8 = 45$，$I_9 = 26$，$I_{10} = 33$。相应的完美矩形如图 1 - 2 - 3所示。

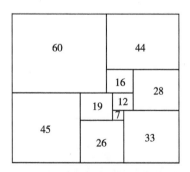

图 1 - 2 - 3

第三节　电磁场及其应用

1. **解**　假设有竖直向下的匀强磁场 B 穿过屋面，则三种情形的磁通量相等，即 $\varphi_1 = \varphi_2 = \varphi_3$。由公式 $\varphi = B \cdot S \cdot \cos\alpha$ 得 $\varphi_1 = B \cdot p_1 \cdot \cos\alpha$，$\varphi_2 = 2 \times B \cdot \dfrac{p_2}{2} \cdot \cos\alpha = B \cdot p_2 \cdot \cos\alpha$，设盖法 3 中四个屋面为 S_1，S_2，S_3，S_4，则 $\varphi_3 = B \cdot (S_1 + S_2 + S_3 + S_4) \cdot \cos\alpha = B \cdot p_3 \cdot \cos\alpha$。因此 $p_1 = p_2 = p_3$。选 D。

2. **分析**　此题可用右手螺旋定则解决。

　　解　对于图 (1)，让右手大拇指从内到外垂直指向 c 面，四指环绕方向从 $b \rightarrow a$；对于图 (2)，同样采用右手螺旋定则，因为四指环绕方向从 $b \rightarrow a$，所以 d 的对面是 b；对于图 (3)，同理可知 e 的对面是 a，则 c 的对面是 f。

　　故选 D。

3. **解**　如图 $1-3-1$ 所示，考虑交变电动势的公式 $\varepsilon = BSw\sin wt$，在 $\left[0, \dfrac{1}{4}\right]$ 上，$\triangle \Phi = BS_{线圈} = \overline{q}t$。

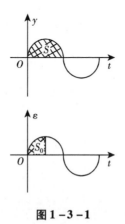

图 $1-3-1$

令 $k = BSw$，$w = a$，$t = x$，则 $S_0 = \triangle \varPhi$，那么对于 $y = k\sin ax$，

有 $S_0 = BS_{线圈} = \dfrac{k}{w} = \dfrac{k}{a}$。

再根据对称性得 $S = 2S_0 = 2\dfrac{k}{a}$。

第二章 杠杆原理在数学中的应用

第一节 原理的简单应用

1. **解** 设力 $\vec{a_1}$，$\vec{a_2}$，$\vec{a_3}$ 以 O 为支点并处于平衡状态，如图 2-1-1 所示，将杠杆 AB 绕 O 顺时针旋转30°得到杠杆 CD，将力 $\vec{a_1}$，$\vec{a_2}$，$\vec{a_3}$ 的大小扩大为原来的 2 倍得到力 $\vec{b_1}$，$\vec{b_2}$，$\vec{b_3}$，由于力 $\vec{a_1}$，$\vec{a_2}$，$\vec{a_3}$ 处于平衡状态，得到力 $\vec{b_1}$，$\vec{b_2}$，$\vec{b_3}$ 亦处于平衡状态，即 $\vec{b_1} + \vec{b_2} + \vec{b_3} = \vec{0}$。选 D。

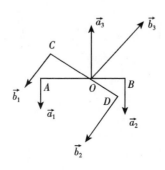

图 2-1-1

2. **分析** 若顾客所得的大米多于 20kg，则粮店吃亏。因此，解此题的关键是求顾客称得的大米的实际重量，再与 20kg 进行比较，从而达到求解的目的。由天平很自然地联想到物理中的杠杆原理，即动力×动力臂＝阻力×阻力臂。

解 设天平的支点为 O，左盘 A 的臂长为 x_A，右盘 B 的臂长为 x_B，两次称得的实际重量为 G_A，G_B。则有 $G_A \cdot x_A = 10x_B$，$G_B \cdot x_B = 10x_A$，$\because x_A \neq x_B$，$\therefore G_A + G_B = \dfrac{10x_B}{x_A} + \dfrac{10x_A}{x_B} > 20$。故顾客所得的大米实际质量超过 20kg，因此粮店吃亏。

3. **解** 设 BC 杆的重心为 $M(x, y)$，则点 M 处的质量为 3g。由杠杆原理可知：

$2 \cdot BM = CM$，即点 M 分 CB 所成比为 2，则 M 的坐标为 $\left(3, \dfrac{4}{3}\right)$。

而 A，B，C 三点的重心 G 必在 AM 上，且 $3 \cdot AG = 3 \cdot GM$，即 G 分 AM 所成比为 1，故 G 的坐标为 $\left(\dfrac{5}{2}, \dfrac{13}{6}\right)$。

第二节　求解线段的比例问题（一）

1. **解** 如图 2-2-1 所示设在 C 处放一个质量为 1 的质点，把 AC 看成杠杆，N 点为支点，由杠杆原理得

$$m_A = \frac{CN}{NA} \cdot m_C = n$$

同理由 $\dfrac{BM}{MC} = m$ 得 $m_B = \dfrac{1}{m}$。$\therefore m_M = 1 + \dfrac{1}{m}$。

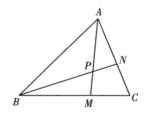

图 2-2-1

$$\therefore \frac{AP}{PM} = \frac{m_M}{m_A} = \frac{1 + \frac{1}{m}}{n} = \frac{m+1}{mn}。证毕。$$

2. **证** 如图 2 - 2 - 2 所示，先在 B 点置质量 m，因为 M 为 BC 的中点，故应在 C 点置质量 m，杠杆 BC 的重心即为 M 点，再在 A 点置质量 n，使 $\triangle ABC$ 的重心在 P 点，分别视 D，E 为杠杆 AB，AC 的支点，则由杠杆原理分别有 $\frac{AD}{DB} = \frac{m}{n}$，$\frac{AE}{EC} = \frac{m}{n}$。所以 $\frac{AD}{DB} = \frac{AE}{EC}$，故 $DE \parallel BC$。证毕。

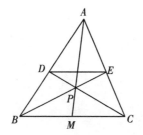

图 2 - 2 - 2

3. **解** 同例 3 的方法一样，不再赘述。答案为 $AG : GH : HC = 1 : 1 : 1$。

4. **解** 如图 2 - 2 - 3 所示，在 A 点置质量为 m 的质点。$\because F$ 为 AC 的中点，由杠杆原理，应在 C 处置质量为 m 的质点。视 D 为杠杆 BC 的支点，则 B 处应置 $2m$ 的质点，此时，$m_D = 3m$。所以 $AM : MD = 3 : 1$，故 $AM : AD = 3 : 4$。同理，视 E 为杠杆 BC 的支点，在 A，B，C 三点分别放置质量 $2m$，m，$2m$，则可得 $AN : AE = 3 : 5$。

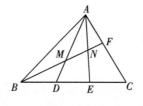

图 2 - 2 - 3

$\therefore S_{\triangle AMN}: S_{\triangle ADE} = (AM \cdot AN) : (AD \cdot AE) = 9:20$，易得 $S_{\triangle ADE} = \dfrac{1}{3}$ $S_{\triangle ABC}$，故

$S_{\triangle AMN}: S_{\triangle ABC} = 3:20$。

5. 解　连结 AC，交 DF 于 O。在口 $ABCD$ 中，易证 $\triangle AOF \backsim \triangle COD$。

$\because \dfrac{AF}{AB} = \dfrac{3}{4}$，即 $\dfrac{AF}{CD} = \dfrac{3}{4}$，$\therefore \dfrac{AO}{CO} = \dfrac{FO}{DO} = \dfrac{3}{4}$。

把 O 当作支点，则 A，C 两点的受力之比为 $4:3$。$\because E$ 为 AD 中点，$\therefore$ D 点受力为 4，E 点受力为 8，AD 的重心在 E 点，即 A，C，D 的重心在 CE 上。又 A，C 的重心在 O 处，$\therefore A$，C，D 的重心在 DO 上。从而 A，C，D 的重心就是 CE 与 DO 的交点 G。于是 $\dfrac{EG}{GC} = \dfrac{3}{8}$，$G$ 点受力为 11。而已知 D 点受力为 4，$\therefore O$ 点受力为 7，$\dfrac{OG}{GD} = \dfrac{4}{7}$。

由 $\dfrac{FO}{DO} = \dfrac{3}{4}$ 及 $\dfrac{OG}{GD} = \dfrac{4}{7}$，可得 $\dfrac{DG}{GF} = \dfrac{7}{4 + \dfrac{33}{4}} = \dfrac{28}{49} = \dfrac{4}{7}$。

6. 解　作 $CD /\!/ EF$ 交 AB 于 D，交 AM 于 H。则

$\dfrac{AD}{AC} = \dfrac{AF}{AE} = \dfrac{1}{2}$，$\therefore AD = 8$，从而 $\dfrac{BD}{AD} = \dfrac{1}{2}$。视 H 为 $\triangle ABC$ 的重心，设 $m_B = 2$，则由杠杆原理得 $m_C = 2$，$m_A = 1$，这时 $m_D = m_A + m_B = 3$。

$\therefore \dfrac{CH}{HD} = \dfrac{m_D}{m_C} = \dfrac{3}{2}$，故 $\dfrac{EG}{GF} = \dfrac{3}{2}$。

第三节　求解线段的比例问题（二）

1. 证　$\because$ 直线 BGE 截 $\triangle ADC$ 的三边（或延长线），由梅涅劳斯定理有 $\dfrac{BD}{BC} \cdot \dfrac{CE}{EA} \cdot \dfrac{AG}{GD} = 1$。

而 $\dfrac{BD}{DC} = \dfrac{CE}{EA} = 2$, $\dfrac{BD}{BC} = \dfrac{2}{3}$, $\therefore \dfrac{AG}{GD} = \dfrac{3}{4}$, $\dfrac{AG}{AD} = \dfrac{3}{7}$ (1)

又 $\because$ 直线 CKF 截 $\triangle ABD$ 的三边（或延长线），由梅涅劳斯定理，有

$$\dfrac{AF}{FB} \cdot \dfrac{BC}{CD} \cdot \dfrac{DK}{KA} = 1。$$

而 $\dfrac{AF}{FB} = 2$, $\dfrac{BC}{CD} = 3$, $\therefore \dfrac{DK}{KA} = \dfrac{1}{6}$, $\dfrac{AD}{KA} = \dfrac{7}{6}$, 即 $\dfrac{AK}{AD} = \dfrac{6}{7}$ (2)

由（1）、（2）两式可知，G 是 AK 的中点。

同理，有 $\dfrac{BM}{BE} = \dfrac{CK}{CF} = \dfrac{3}{7}$, $\dfrac{BG}{BE} = \dfrac{CM}{CF} = \dfrac{6}{7}$, 故 M, K 分别为 BG, CM 的中点。

连接 AM, 则

$$S_{\triangle GMK} = \dfrac{1}{2} S_{\triangle AMK} = \dfrac{1}{2} \left(\dfrac{1}{2} S_{\triangle AMC} \right) = \dfrac{1}{4} \times \dfrac{6}{7} S_{\triangle AFC} = \dfrac{3}{7} \times \dfrac{2}{3} S_{\triangle ABC} = \dfrac{1}{7} S_{\triangle ABC}。$$ 证毕。

2. 解 显然，（1）、（2）都是（3）的特例，我们只解（3）。

如图 $2-3-1$ 所示，先视 D_1 为 $\triangle ABC$ 的重心，设 $m_C = 1$, 则 $m_A = 1$, $m_B = \dfrac{1}{n-1}$, $m_{C_1} = m_B + m_C = \dfrac{n}{n-1}$。

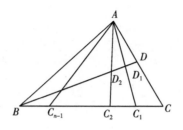

图 2 – 3 – 1

$$\therefore \frac{AD_1}{D_1C_1} = \frac{m_{C_1}}{m_A} = \frac{n}{n-1}, \quad \frac{AD_1}{AC_1} = \frac{n}{2n-1}.$$

再视 D_2 为 $\triangle ABC$ 的重心，用同样的方法可得 $\dfrac{AD_2}{AC_2} = \dfrac{n}{2n-2}$。

$$\therefore \frac{S_{\triangle AD_1D_2}}{S_{\triangle AC_1C_2}} = \frac{AD_1 \cdot AD_2}{AC_1 \cdot AC_2} = \frac{n^2}{2(n-1)(2n-1)}.$$

3. 证　如图 2−3−2 所示，设 $\dfrac{BP}{PC} = \lambda_1$，$\dfrac{CQ}{QA} = \lambda_2$，$\dfrac{AR}{RB} = \lambda_3$，

又设在 B 点放置一质量为 1 的质点，把 P 点看成支点，则 $\dfrac{BP}{PC} = \dfrac{m_C}{m_B}$，

$\therefore m_C = \lambda_1$。同理可得，$m_A = \lambda_1\lambda_2$。

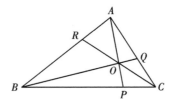

图 2−3−2

又 $\because \dfrac{AO}{OP} = \dfrac{m_P}{m_A}$，$m_P = m_B + m_C = 1 + \lambda_1$，$\therefore \dfrac{AO}{OP} = \dfrac{1+\lambda_1}{\lambda_1\lambda_2}$，

$$\therefore \frac{AO}{AP} = \frac{1+\lambda_1}{1+\lambda_1+\lambda_1\lambda_2} \tag{1}$$

同理，$\dfrac{BO}{OQ} = \dfrac{m_Q}{m_B} = \dfrac{\lambda_1\lambda_2 + \lambda_1}{1}$，$\therefore \dfrac{BO}{BQ} = \dfrac{\lambda_1\lambda_2 + \lambda_1}{1+\lambda_1+\lambda_1\lambda_2}$ \tag{2}

$$\frac{CO}{OR} = \frac{m_R}{m_C} = \frac{1+\lambda_1\lambda_2}{\lambda_1}, \quad \therefore \frac{CO}{CR} = \frac{1+\lambda_1\lambda_2}{1+\lambda_1+\lambda_1\lambda_2} \tag{3}$$

把以上（1）（2）（3）相加即得

$$\frac{AO}{AP} + \frac{BO}{BQ} + \frac{CO}{CR} = 2$$

再由平均值不等式，得

$$\frac{AO}{AP} \cdot \frac{BO}{BQ} \cdot \frac{CO}{CR} \le \left[\frac{1}{3}\left(\frac{AO}{AP} + \frac{BO}{BQ} + \frac{CO}{CR}\right)\right]^3 = \frac{8}{27}。$$

当 $\lambda_1 = \lambda_2 = \lambda_3 = 1$，即 O 为 $\triangle ABC$ 重心时，等式成立。

4. **证** 在 A，B，C，A' 处分别放上重量为 F_1，F_3，F，F_2 的质点，由杠杆原理

$$\frac{AD}{DB} = \frac{F_3}{F_1}，\quad \frac{BD'}{D'A'} = \frac{F_2}{F_3}，\quad \frac{A'E'}{E'C} = \frac{F}{F_2}，\quad \frac{CE}{EA} = \frac{F_1}{F}，$$

$$\therefore \left(\frac{AD}{DB}\right)\left(\frac{BD'}{D'A'}\right)\left(\frac{A'E'}{E'C}\right)\left(\frac{CE}{EA}\right) = \left(\frac{F_3}{F_1}\right)\left(\frac{F_2}{F_3}\right)\left(\frac{F}{F_2}\right)\left(\frac{F_1}{F}\right) = 1。证毕。$$

5. **解** 设在 A，B，C 分别置质量为 x，y，z 的质点，使得 $\triangle ABC$ 的重心为 P 点，P 点质量即为 $(x+y+z)$，分别将 D，E，F 视为杠杆 AD，BE，CF 的支点，由杠杆定理分别有：$\dfrac{d}{d+a} = \dfrac{x}{x+y+z}$，$\dfrac{d}{b+d} = \dfrac{y}{x+y+z}$，$\dfrac{d}{c+d}$

$$= \frac{z}{x+y+z}。$$

三式相加即得 $\dfrac{d}{a+d} + \dfrac{d}{b+d} + \dfrac{d}{c+d} + \dfrac{x+y+z}{x+y+z} = 1$。

化简整理得 $2d^3 + 9(a+b+c) = abc$。因为 $a+b+c = 43$，$d = 3$，所以 $abc = 2 \times 3^3 + 9 \times 43 = 441$。

第四节　处理三角形中的向量问题

1. **解** 因为点 P 是 $\triangle ABC$ 内一点（不包括边界），所以 m_A，m_B，$m_C > 0$。根据 $\overrightarrow{AP} = m\overrightarrow{AB} + n\overrightarrow{AC}$（$m$，$n \in R$）可设，$m_B = m$，$m_C = m$，$m_A = 1 - m - n$，则问题转化成线性规划问题：

已知 $\begin{cases} m > 0 \\ n > 0 \\ 1 - m - n > 0 \end{cases}$，求 $(m-1)^2 + (n-1)^2 + 1$ 的取值范围。易得取

值范围为 $\left(\dfrac{3}{2},\ 3\right)$。

2. **解** 由题意可设 $m_B = x$，$m_C = y$，$m_A = 1 - x - y$。$\because x + 2y = 1$，

$\therefore m_A = 1 - (1 - 2y) - y = y = m_C$。$\therefore BE$ 为 AC 边上的中线，又 $\because O$ 为外心，

$\therefore BE$ 为 AC 边上的中垂线，$\therefore AB = BC = \sqrt{3}$，$\angle BAC = \dfrac{\pi}{6}$。

第五节 力矩及其应用

1. **解** 先构筑这样一个点阵（图 2 − 5 − 1）：在距原点长度为 n（$n \in \mathbf{N}*$）处分别放置 1 个单位质量的质点。则该点阵相对于原点的重力矩为：

$$M = 1 \times 1 + 1 \times 2 + 1 \times 3 + \cdots + 1 \times n = 1 + 2 + 3 + \cdots + n,$$

$$O \quad \bullet \quad \bullet \quad \bullet \quad \cdots \quad \bullet \quad\quad \bullet$$

图 2 − 5 − 1

若把点阵看成一个整体，则该点阵的重心距原点的水平距离为

$$l = \dfrac{n - 1}{2} + 1 = \dfrac{n + 1}{2},$$

而该点阵的总质量为 $G = n$，所以

$M = G \cdot l \dfrac{n(n+1)}{2}$。故 $1 + 2 + 3 + \cdots + n = \dfrac{n(n+1)}{2}$。

2. 已知 $\triangle ABC$ 中，$\angle C = 90°$，a，b，c 分别为 $\angle A$，$\angle B$，$\angle C$ 的对边，求证：勾股定理。（注：本题也可用完全弹性碰撞规律来证明。）

证一 如图 2 − 5 − 2 所示，考虑一个底面为直角三角形（三边长分别为 a，b，c）的棱柱形盒子，其中一个锐角顶点（所对应的棱）固定在一根转轴上，因此整个盒子可以绕转轴转动。在盒子里面倒满水，易知在没

有外力作用的情况下，这个盒子不会绕着转轴自己转动。这表明，盒子中的水对三个竖直表面的水压所产生的力矩是平衡的。每个面受到的压力大小都和直角三角形的对应边长成正比，它到转轴的距离也正好是每条边的长度的一半。两个直角边上的水压把棱柱往顺时针方向推，斜边上的水压则把棱柱往逆时针方向推。这样，前两个力矩应该与后一个力矩平衡，即 $\dfrac{a^2}{2}+\dfrac{b^2}{2}=\dfrac{c^2}{2}$。故 $a^2+b^2=c^2$。证毕。

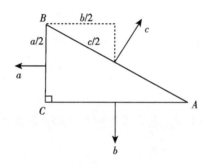

图 2 - 5 - 2

证二 图中 A，B 两球质量均为 m，B 球原来静止。让 A 球以速度 v 跟 B 球做完全弹性碰撞。将 v 分解为沿两球心连心方向的分速度 v_2 和跟 v_2 垂直的分速度 v_1。斜碰后，两球交换分速度 v_2，B 球以速度 v_2 沿 AB 方向运动，A 球以速度 v_1 沿 AC 方向运动，如图 2 - 5 - 3 所示。

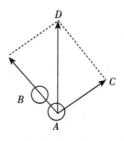

图 2 - 5 - 3

两球做完全弹性碰撞，由系统动量守恒得 $mv_1 + mv_2 = mv$。

作出 A 球 v_1，v_2 合成的矢量图 $\triangle ACD$，则 $\triangle ACD$ 是一直角三角形。

由动能守恒得，$\dfrac{mv_1^2}{2} + \dfrac{mv_2^3}{2} = \dfrac{mv^2}{2}$，所以 $v_1^2 + v_2^2 = v^2$。即在直角三角形 $\triangle ACD$ 中，$AD^2 = AC^2 + CD^2$。证毕。

3. **证** 当 $d = 0$ 时，结论成立易证。当 $d \neq 0$ 时，先构筑这样一个点阵 $(d > 0)$：

在距原点 O 距离为 a 处放置 1 个单位质量的质点；在距原点距离为 $a + d$ 处放置 2 个单位质量的质点；在距原点距离为 $a + 2d$ 处放置 3 个单位质量的质点；…在距原点距离为 $a + (n-1)d$ 处放置 n 个单位质量的质点。

$\because a_n = a + (n-1)d$，则该点阵相对于原点的重力矩为：

$M = a_1 + 2a_2 + 3a_3 + \cdots + na_n$。

又因为三角形的重心在底边所对应的中线上，距顶点的距离为中线长度的 $\dfrac{2}{3}$，所以图 2 - 5 - 4 所示的三角形点阵的重心距原点的水平距离为

$$l = \frac{2}{3} \times (n-1)d + a。$$

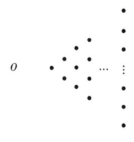

图 2 - 5 - 4

因为点阵的总质量为 $G = \dfrac{n(n+1)}{2}$，所以

$$M = G \cdot l = \frac{n\,(n+1)}{2} \cdot \left[\frac{2}{3} \times\,(n-1)\,d + a \right] = \frac{1}{6}n\,(n+1)\,\big[\,2nd +$$

$$(3a - 2d)\,\big]$$

即 $a_1 + 2a_2 + 3a_3 + \cdots + na_n = \frac{1}{6}n\,(n+1)\,[\,2nd +\,(3a - 2d)\,]$。

对于 $d < 0$，仅需将图形旋转 180° 而数轴正向向右便可同理证得。证毕。

第六节　证明重心定理

1. **证**　如图 2-6-1 所示，在 $\triangle ABC$ 的顶点 A，B，C 分别放质量为 $\tan A$，$\tan B$，$\tan C$ 的质点，则质点组成的质点系的重心的质量为 $\tan A + \tan B + \tan C$，设 AD，BE，CF 分别是三边的高。由于 AD 是三角形的高，得 $BD \cdot \tan B = CD \cdot \tan C$，于是 D 是质点 B，C 的重心（杠杆原理），D 的质量为 $\tan B + \tan C$，这样质点 A，D 的重心为 $\tan A + \tan B + \tan C$，就是说三角形的重心在 AD 上。同理，重心亦在 BE，CF 上，由重心的唯一性得三角形三条高线交于一点。证毕。

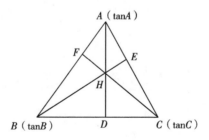

图 2-6-1

第三章　重心原理在数学中的应用

1. **证**　不妨设 $a \leqslant b \leqslant c$。首先，在数轴上标有 a，b，c 的位置放上质量分别为 a^3，b^3，c^3 的质点，则重心的位置为 $\dfrac{a \cdot a^3 + b \cdot b^3 + c \cdot c^3}{a^3 + b^3 + c^3}$，再在数轴上标有 a，b，c 的位置放上质量分别为 abc，bac，cab 的质点，则重心为 $\dfrac{a \cdot abc + b \cdot bac + c \cdot cab}{abc + bac + cab}$，因为前者的重心位于后者的重心的右侧（或重合），于是有 $\dfrac{a^4 + b^4 + c^4}{a^3 + b^3 + c^3} \geqslant \dfrac{a^2 bc + b^2 ac + c^2 ab}{3abc}$，即 $a^4 + b^4 + c^4 \geqslant \dfrac{a^3 + b^3 + c^3}{3abc} \cdot$ $(a^2 bc + b^2 ac + c^2 ab) \geqslant a^2 bc + b^2 ac + c^2 ab$。证毕。

2. **证**　曲线 $y = \sin x (0 \leqslant x \leqslant \dfrac{\pi}{2})$ 和 $y = 0$ 之间的图形是凸的。在曲线上横坐标为 x_1，x_2，$\cdots$，x_n 的点 A_1，A_2，$\cdots$，A_n 上放置单位质量，其重心 G 的坐标为

$$
\begin{cases}
x_0 = \dfrac{1}{n} \displaystyle\sum_{k=1}^{n} x_k \\[3mm]
y_0 = \dfrac{1}{n} \displaystyle\sum_{k=1}^{n} y_k = \dfrac{1}{n} \displaystyle\sum_{k=1}^{n} \sin x_k
\end{cases}
$$

由曲线的凸性可知，G 点在曲线 OS 和直线 OS 之间（图 $3-1$）。

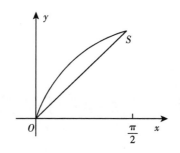

图 3－1

∵ 点 S 的坐标为 $\left(\dfrac{\pi}{2},\ 1\right)$，∴ 直线 OS 的方程为

$y = 2\dfrac{x}{\pi}$。故 $2\dfrac{x_0}{\pi} < y_0 < \sin x_0$，

即 $\dfrac{2}{n\pi}\displaystyle\sum_{k=1}^{n} x_k < \dfrac{1}{n}\sum_{k=1}^{n}\sin x_k < \sin\left(\dfrac{1}{n}\sum_{k=1}^{n} x_k\right)$。证毕。

第四章 力系平衡原理在数学中的应用

第一节 力的合成与分解

解 将 P_1 看成质点，$\overrightarrow{P_1P_2}$ 看成该质点产生的位移，把 $\overrightarrow{P_1P_3}$，$\overrightarrow{P_1P_4}$，$\overrightarrow{P_1P_5}$，$\overrightarrow{P_1P_6}$ 看成产生该位移的外力，则数量积的物理意义就是力所做的功。由于位移相同，在 $\overrightarrow{P_1P_2}$ 方向的分力大则功就相应大，故选 A。

2. **证** 构造如图 4 – 1 – 1 所示的力学模型。在两个焦点（焦点为固定点）F_1，F_2 间连接一条长度为 $2a$ 的轻绳，绳子上挂一重物。挂钩 P 是可以无摩擦自由活动的，显然根据椭圆定义知 P 点的轨迹是一个椭圆。重物有不断下落的趋势，当整个力学系统静止时，系统的重力势能应达到最小，最终挂钩 P 应位于椭圆的最低点，因此该点处的切线 MN 正好是一条水平线。此时挂钩 P 受到了三个力的作用：因重物 m 受到竖直向下的重力引起的拉力，以及左右两边绳子上的拉力。由于绳子内部的张力处处相等，两个方向上的拉力大小应该一样，根据物体保持平衡，两个拉力的合力必须竖直向上，因此这两个力的方向与竖直（水平）方向的夹角必然相同，如图 4 – 1 – 1 所示（图中虚线所示的平行四边形为菱形）。证毕。

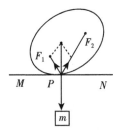

图 4 – 1 – 1

第二节　三力汇交原理和共线原理

1. **解**　因为 $\vec{a_1} + \vec{a_2} + \vec{a_3} = \vec{0}$，所以共点力 $\vec{a_1}$，$\vec{a_2}$，$\vec{a_3}$ 处于平衡状态，当将 $\vec{a_i}$ 顺时针旋转 $30°$ 且长度变为原来的 2 倍后，仍处于平衡，所以 $\vec{b_1} + \vec{b_2} + \vec{b_3} = \vec{0}$。选 D。

2. 证明三角形三条边的垂直平分线交于一点——外心。

证　设一个以三角形 ABC 为上底，以三角形 $A'B'C'$ 为下底的直三棱柱形的空盒，设盒内密闭了压强为 p 的气体，则气体将对各个面产生压力，其中作用于上、下底面的压力相互抵消，如图 4 - 2 - 1 所示。气体对各侧壁产生的压力 F_{AB}，F_{AC}，F_{BC} 可视为垂直作用于各个侧壁的中心。显然无其他外力时盒子应处于平衡状态，因此气体对各个侧壁产生的压力 F_{AB}，F_{AC}，F_{BC} 的合力应为零，属于同一平面上共点力的平衡，故力的作用线交于一点，即三角形三条边的垂直平分线交于一点。证毕。

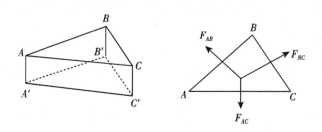

图 4 - 2 - 1

3. **证**　找到三角形的外心之后再来找垂心，只需转换一下三角形即可。如图 4 - 2 - 2 所示，过三角形的三个顶点 A，B，C 分别作 BC，AC，AB 的平行线 $B'C'$，$A'C'$，$A'B'$ 并构成三角形 $A'B'C'$。则三角形 ABC 的垂心就是三角形 $A'B'C'$ 的外心。证毕。

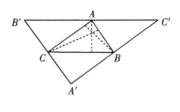

图 4 - 2 - 2

4. **证** 在 $\triangle ABC$ 三边 BC，CA，AB 上分别放置力 $\vec{a}$，$\vec{b}$，$\vec{c}$，且 $|\vec{a}| = |\vec{b}| = |\vec{c}|$，所以 $\vec{b}$，$\vec{c}$ 合力作用线在 AE 上。

又 $\vec{a}$ 的作用线是 BC，故合力 $\vec{a} + \vec{b} + \vec{c}$ 作用线应过 AE 和 BC 的交点 E。仿上。

第三节　求解一类三角问题

1. **解** （1）$7°$，$79°$，$151°$，$223°$，$295°$ 为公差是 $72°$ 的等差数列的五项，各角终边可视为圆的五等分半径，故在推论 1 中令 $\alpha = 7°$，$n = 5$，直接得原式 $= 0$。

（2）在本章问题中我们已得到 $\sum_{k=0}^{n} \cos \dfrac{k\pi}{n} = 0$，故令 $n = 7$，有

$$\cos 0 + \cos \frac{\pi}{7} + \cos \frac{2\pi}{7} + \cos \frac{3\pi}{7} + \cos \frac{4\pi}{7} + \cos \frac{5\pi}{7} + \cos \frac{6\pi}{7} + \cos \pi = 0,$$

故 $\cos \dfrac{\pi}{7} + \cos \dfrac{2\pi}{7} + \cos \dfrac{3\pi}{7} + \cos \dfrac{4\pi}{7} + \cos \dfrac{5\pi}{7} + \cos \dfrac{6\pi}{7} + \cos \pi = -1$。证毕。

2. **证** 在前面问题 4 中令 $n = 7$ 即为上面结论。证毕。

3. **证** 由前面例 4 知 $1 + 2\cos \dfrac{2\pi}{7} + 2\cos \dfrac{4\pi}{7} + 2\cos \dfrac{6\pi}{7} = 0$。

因 $\cos\alpha = -\cos(\pi - \alpha)$，故有 $\cos\dfrac{4\pi}{7} = -\cos\dfrac{3\pi}{7}$，$\cos\dfrac{6\pi}{7} = -\cos\dfrac{\pi}{7}$，

即得 $1 + 2\cos\dfrac{2\pi}{7} - 2\cos\dfrac{3\pi}{7} - 2\cos\dfrac{\pi}{7} = 0$，即 $\cos\dfrac{\pi}{7} - \cos\dfrac{2\pi}{7} + \cos\dfrac{3\pi}{7} = $

$\dfrac{1}{2}$。证毕。

4. **证**　（1）同本章问题的方法可证得 $\cos\dfrac{2\pi}{2n+1} + \cos\dfrac{4\pi}{2n+1} + \cdots + \cos$

$\dfrac{4n\pi}{2n+1} = -1$。

再利用对称共点力可得（1）式。

（2）同习题 1 的方法可证。证略。

5. **解**　如图 $4-3-1$ 所示，当 $n \mid k$ 时，

$\cos\left(\dfrac{2ik\pi}{n} + \alpha\right) = \cos\alpha$ $(i = 1, 2, \cdots, n-1)$，

此时原式 $= (n-1) \cdot \cos\alpha$。

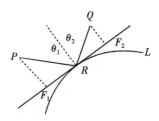

图 $4-3-1$

当 $n \nmid k$ 时，考查 n 个大小均匀的共点力 $\vec{F}_i$ $(i = 1, 2, \cdots, n)$，使 $\vec{F}_i$

落在 x 轴上，每相邻两力的夹角为 $\dfrac{2k\pi}{n}$，则这 n 个力是对称共点力，它们

的合力为 0。因而在任一方向上的分力之和为 0。那么在与 x 轴正向成 α 角

的方向上，$\vec{F}_i$ 的分力 $\vec{F}'_i = F_i\cos\left(\dfrac{2ik\pi}{n} + \alpha\right)$，其分力之和应为 0，即

$$\cos\left(\frac{2k\pi}{n} + \alpha\right) + \cos\left(\frac{4k\pi}{n} + \alpha\right) + \cdots + \cos\left(\frac{2k(n-1)\pi}{n} + \alpha\right) +$$

$$\cos\left(\frac{2kn\pi}{n} + \alpha\right) = 0。$$

故此时原式 $= -\cos\alpha$。所以

$$\cos\left(\frac{2k\pi}{n} + \alpha\right) + \cos\left(\frac{4k\pi}{n} + \alpha\right) + \cdots + \cos\left(\frac{2k(n-1)\pi}{n} + \alpha\right) =$$

$$\begin{cases} (n-1)\cos\alpha\,(当\ n \mid k\ 时) \\ -\cos\alpha\,(当\ n \nmid k\ 时) \end{cases}$$

利用该模型并运用 $\cos(90° + \alpha) = -\sin\alpha$ 可得

$$\sin\left(\frac{2k\pi}{n} + \alpha\right) + \sin\left(\frac{4k\pi}{n} + \alpha\right) + \cdots + \sin\left(\frac{2k(n-1)\pi}{n} + \alpha\right) =$$

$$\begin{cases} (n-1)\sin\alpha\,(当\ n \mid k\ 时) \\ -\sin\alpha\,(当\ n \nmid k\ 时) \end{cases}$$

第五章　刚性变换与压缩变换在数学中的应用

第一节　刚性变换

1. **证**　设 O 为正方形的中心，当正方形绕 O 顺时针旋转 $90°$ 时，$\triangle ABM$ 恰好旋转至 $\triangle BCN$ 位置，这样显然有：

（1）$\triangle ABM \cong \triangle BCN$，而 $S_{\triangle ABF} = S_{\triangle ABM} - S_{\triangle BFM} \, S_{FMCN} = S_{\triangle BCN} - S_{\triangle BFM}$，故 $S_{\triangle ABF} = S_{FMCN}$；

（2）BN 可视为 AM 顺时针旋转 $90°$ 后所得，故 $AM \perp BN$。证毕。

2. **证**　若不然，设 $\triangle OAB$ 的各顶点均为有理点的正三角形，且设 A $(x_1,\ y_1)$ B $(x_2,\ y_2)$，（图 5 – 1 – 1）。把 $\triangle OAB$ 视为刚体，且令其绕 O 逆时针旋转 $60°$，此时 A 旋转至 B 处，应用坐标变换公式得

$$\begin{cases} x^2 = x_1\cos60° - y_1\sin60° \\ y_2 = x_1\sin60° + y_1\cos60° \end{cases}$$

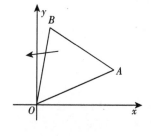

图 5 – 1 – 1

即 $\begin{cases} x_2 = \dfrac{1}{2}x_1 - \dfrac{\sqrt{3}}{2}y_1 \\ y_2 = \dfrac{\sqrt{3}}{2}x_1 + \dfrac{1}{2}y_1 \end{cases}$ ，变形后得 $\begin{cases} \sqrt{3}x_1 = 2y_2 - y_1 \\ \sqrt{3}y_1 = x_1 - 2x_2 \end{cases}$ ，在这两式中，右端均

为有理数，而左端为无理数（x_1，$y_1 \neq 0$），与假设矛盾。证毕。

3 **解** 由题设知 $\angle APB = 100°$，$\angle BPC = 120°$，$\angle CPA = 140°$。由例 3 证明可知，以 PA，PB，PC 的长为边的三角形三内角分别为 $100° - 60°$，$120° - 60°$，$140° - 60°$，即 $40°$，$60°$，$80°$，则它们的比为 $2:3:4$，故选 A。

4. **解** 显然，P 在 BC 边上可视为 P 在 $\triangle ABC$ 内的极端情形或特例。

这样由上题结论知 P 与三角形三顶点连线夹角为 α，β，$180°$，因而以 PA，PB，PC 为边的三角形最大的内角为 $180° - 60° = 120°$，故选 C。

5. **解** 本题实际上是要求出三条公路总长的最小值，若交通中心选在 O 点，则 O 为 $\triangle ABC$ 的费马点，必须有 $\angle AOC = \angle COB = \angle BOA = 120°$。

设 $AO = m$，$CO = l$，$BO = n$，则 $m + n + l$ 即为三条公路的最短长度。由余弦定理得 $c^2 = m^2 + n^2 - 2mn\cos120° = m^2 + n^2 + mn$ ①，

同理可得 $b^2 = m^2 + l^2 + ml$ ②，$a^2 = l^2 + n^2 + nl$ ③。

由于 $S_{\triangle ABC} = S_{\triangle AOB} + S_{\triangle BOC} + S_{\triangle COA}$，故有

$$S_{\triangle ABC} = \frac{1}{2}mn\sin120° + \frac{1}{2}nl\sin120° + \frac{1}{2}lm\sin120° = \frac{\sqrt{3}}{4}(mn + nl + lm) \text{。}$$

故 $mn + nl + lm = \dfrac{4S_{\triangle ABC}}{\sqrt{3}}$ ④。由①②③④得

$$(m + n + l)^2 = \frac{1}{2}(a^2 + b^2 + c^2) + 2\sqrt{3}S_{\triangle ABC}$$

又由 $S_{\triangle ABC} = \sqrt{p(p-a)(p-b)(p-c)}$，式中

$$p = \frac{a+b+c}{2} = \frac{4+6+8}{2} = 9 \text{，}$$

得 $S_{\triangle ABC} = \sqrt{9 \cdot (9-4) \cdot (9-8) \cdot (9-6)} = \sqrt{135}$。

故 $m + n + l = \sqrt{\dfrac{1}{2}\,(4^2 + 8^2 + 6^2)\ + 2\,\sqrt{3 \cdot 135}} = \sqrt{58 + 18\sqrt{5}} \approx$

9.912km。由于每公里公路的造价为 10 万元，故修此公路至少要投资 99.12 万元。

第二节　压缩变换

1. **解**　内接于圆 $x^2 + y^2 = a^2$ 的面积最大的四边形为正方形，最大面积为 $2a^2$，同本章问题的方法，可得内接于椭圆的四边形面积的最大值为 $2ab$。

2. **解**　把椭圆 $\dfrac{x^2}{16} + \dfrac{y^2}{25} = 1$ 看成圆 $\tilde{x}^2 + \tilde{y}^2 = 25^2$ 经过压缩变换

$\begin{cases} x = \dfrac{4}{5}\tilde{x} \\ y = \tilde{y} \end{cases}$ （其中 $k = \dfrac{4}{5}$）得到。由所给条件可知当 BD 垂直平分 AC 时（此时

BD 为直径），圆内接四边形的面积最大，为 $25\sqrt{2}$，所以内接于椭圆的四边形 $ABCD$ 的最大面积为 $20\sqrt{2}$。

第六章　势能最小原理在数学中的应用

1. **解**　方法同斯坦因豪斯的方法。当系统达到平衡时，有 $PA + PB + PC + PD$ 最小，且有 $\vec{F}_{PA} + \vec{F}_{PB} + \vec{F}_{PC} + \vec{F}_{PD} = \vec{0}$，$|\vec{F}_{PA}| = |\vec{F}_{PB}| = |\vec{F}_{PC}| = |\vec{F}_{PD}|$，此时四个向量构成了封闭的等边四边形，其对角线的交点为 P。

2. **解**　用平板做平面，用铁钉在上面固定两点 P，Q，用一根不变形的光滑铁丝做成曲线 L，用钢环做动点 R，用橡皮绳做连线 RP，RQ，用钢环把橡皮绳和铁丝套在一起，并使之可以自由滑动。

如图 $6-1$ 所示，将橡皮绳绷紧，其两端固定在 P，Q 上，由势能最小原理，绷紧的橡皮绳尽量缩短，钢环 R 静止时橡皮绳最短，此时 R 的位置即为所求。

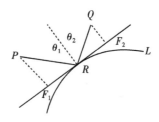

图 6-1

当钢环静止时，橡皮绳 RP 段的收缩力 F_P 和 RQ 段的收缩力 F_Q 的大小相等，它们在 L 上的 R 处的切线方向的分力也相等，即 $F_1 = F_2$。

由 $F_1 = |F_P|\sin\theta_1$，$F_2 = |F_Q|\sin\theta_2$，得出 $\theta_1 = \theta_2$。

也就是说，$RP + RQ$ 最短时，L 在点 R 处的法线平分 $\angle PRQ$。反之也可证明：当 L 在点 R 处的法线平分 $\angle PRQ$ 时，$RP + RQ$ 最短。

3. **证** 构造如图 6-2 所示的力学模型。在两个焦点（焦点为固定点）间 F_1，F_2 连接一条长度为 $2a$ 的轻绳，绳子上挂一重物。挂钩 P 是可以无摩擦自由活动的，显然根据椭圆定义知 P 点的轨迹是一个椭圆。

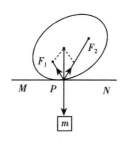

图 6-2

重物有不断下落的趋势，当整个力学系统静止时，系统的重力势能达到最小，最终挂钩 P 位于椭圆的最低点，因此该点处的切线 MN 正好是一条水平线。此时挂钩 P 受到三个力的作用：因重物 m 受到竖直向下的重力引起的拉力，以及左右两边绳子上的拉力。由于绳子内部的张力处处相等，两个方向上的拉力大小应该一样，根据物体保持平衡，两个拉力的合力必须竖直向上，因此这两个力的方向与竖直（水平）方向的夹角必然相同，如图 6-2 所示（图中虚线所示的平行四边形为菱形）。证毕。

4. **证** 假设有如下的一个力学装置：L 是一根水平放置的张紧而光滑的铁丝，两个滑轮 A，B 放置在过 L 的同一平面且在 L 的两侧。L 代表题中的定直线，A，B 为题中的定点。在铁丝上套一个小环，环上系两根长 L_1 与 L_2 的细线，其中一根线绕过滑轮 A，一端挂上质量为 P 的砝码 P_1，另一根线绕过滑轮 B，一端挂上一个质量为 Q 的砝码 P_2（图 6-3）。

假定铁丝不弯曲，小环和铁丝没摩擦，可自由滑动，线和小环的重力可忽略，L_1 和 L_2 不可伸长，我们说这个力学装置处于平衡状态与 P ·

$AM + Q \cdot BM$ 达到最小值是等价的。而由这个力学装置处于平衡状态便能得出

$$P \cdot \sin \angle CAM = Q \cdot \sin \angle DBM$$

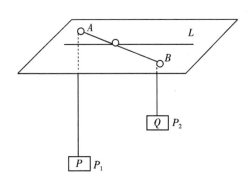

图 6 – 3

当装置处于平衡状态，即小环在 M 点时，设 L，A，B 所在平面距地面高度为 H，则砝码 P_1，P_2 到地面的距离 h_1 和 h_2 分别是

$$h_1 = H - (L_1 - AM), \ h_2 = H - (L_2 - BM)$$

于是整个装置的重心离地面的高度是

$$h = \frac{Ph_1 + Qh_2}{P + Q} + \frac{1}{P + Q} \left[P(H - L_1) + Q(H - L_2) + (P \cdot AM + Q \cdot BM) \right]$$

由势能最小原理，装置处于平衡状态与 h 达到最小是等价的，而由上式可得 h 达到最小与 $P \cdot AM + Q \cdot BM$ 达到最小也是等价的。

现设 $P \cdot AM + Q \cdot BM$ 取最小值，即 h 最小，也就是上述装置达到平衡状态。这时作用在 M 点的合力为 0，所以小环 M 所受 MA 和 MB 的拉力，在 L 上的分力方向相反，且大小相等，即

$$P \cdot g \cdot \sin \angle CAM = Q \cdot g \cdot \sin \angle DBM,$$

所以　　　　$P \cdot \sin \angle CAM = Q \cdot \sin \angle DBM$。证毕。

第七章 运动学原理在数学中的应用

第一节 匀变速直线运动及其应用

1. **解** 令 $v_0 = \sqrt{5-x}$，$v_1 = \sqrt{x-3}$。

$\because \dfrac{v_0 + v_1}{2} \leqslant \sqrt{\dfrac{v_0^2 + v_1^2}{2}}$，$\therefore \dfrac{\sqrt{5-x} + \sqrt{x-3}}{2} \leqslant \dfrac{\sqrt{5-x+x-3}}{2} = 1$。即

$$y_{max} = 2。$$

2. **解** 令 $y = s$，$x = t$，则 $y = 2x^2 + 6x$ 可变为 $s = 2t^2 + 6t$，后式为匀变速直线运动的位移与时间的关系，则 $v_0 = 6$，$a = 4$。

1 秒末的速度 $v_1 = v_0 + at = 6 + 4 \times 1 = 10$。由于 $s-t$ 图象中，曲线上任一点的斜率等于该时刻的瞬时速度，所以过（1，8）点的切线斜率 $k = v_1 = 10$。

故过（1，8）点的切线方程为 $y = 10x - 2$。

3. **分析** 此题在物理里可以等效为：甲、乙两列火车相距为 d，并分别以 b 和 c 的速度相向行驶，在两车之间有一信鸽以 a 的匀速度飞翔，当这只鸽子遇到火车甲时立即掉头飞向火车乙，当遇到火车乙时立即掉头飞向火车甲，如此往返飞行。求：当火车间距 d 减为零时，这只信鸽共飞了多少路程？

解 由于信鸽在飞行中速度不变，则信鸽飞行的路程 $s = at$。又因为两车相遇时间即为信鸽飞行时间 t，所以 $t = \dfrac{d}{b+c}$。

则信鸽飞行的路程为 $s = \dfrac{ad}{b+c}$，即 $s_1 + s_2 + \cdots + s_n = \dfrac{ad}{b+c}$。

第二节　斜抛运动及其应用

1. **解**　摩托车飞离跑道后，不考虑空气阻力，其轨迹方程是抛物线：

$$\begin{cases} x = vt\cos 12° \\ y = vt\sin 12° - \dfrac{1}{2}gt^2 \end{cases}$$

其中，v 是摩托车飞离跑道时的速度，t 是飞行时间，x 是水平飞行距离，y 是相对于起始点的竖直高度。

将轨迹方程改写为 $y = \dfrac{1}{2} \cdot \dfrac{1}{(\cos 12° \cdot v)^2} \cdot 9.8x^2 + \tan 12° \cdot x$，

即 $y = -5.1219 \dfrac{x^2}{v_2} + 0.2125x$。

当 $x \approx 0.0207v^2$ 时，取得 $y_{max} \approx 0.0022v^2$；

当 $x = 35$ 时，$y_{落} = -6274.3275 \dfrac{1}{v_2} - 17.4375$。

因为 $y_{max} - y_{落} = 10$，所以 $0.0022v^2 + 6274.3275 \dfrac{1}{v_2} - 17.4375 = 10$，

解得

$v \approx 19$ 或 $v \approx 86$。

若 $v \approx 86$，则 $x = 156.246$，与题目不符。而 $v \approx 19$ 符合题意，为所求解。

2. **分析**　此题可用纯数学知识来证，但若把它转化为物理模型来处理，不失为一种简单而巧妙的方法。

如图 7-2-1 所示，在倾斜角为 θ 的斜面上 A 处水平方向先后两次抛

出小球，抛出速度分别为 v_1 和 v_2，已知 $v_1 < v_2$，两次平抛运动小球均落在斜面上的 B，C 两点，撞击斜面时小球的速度方向与水平方向的夹角分别为 φ_1 和 φ_2。不计空气阻力，试证明：小球撞击斜面时的速度方向相同，即 $\varphi_1 = \varphi_2$。

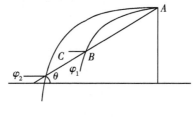

图 7 – 2 – 1

证 设 $AB = s_1$，$AC = s_2$，由平抛运动规律可知

$$\begin{cases} s_1\cos\theta = v_1 t_1 \\ s_1\sin\theta = \dfrac{gt_1^2}{2} \\ \tan\varphi_1 = \dfrac{gt_1}{v_1} \end{cases}$$

解之得 $\tan\varphi_1 = 2\dfrac{\dfrac{gt_1^2}{2}}{v_1 t_1} = 2\dfrac{s_1\sin\theta}{s_1\cos\theta} = 2\tan\theta$。

同理有

$$\begin{cases} s_2\cos\theta = v_2 t_2 \\ s_2\sin\theta = \dfrac{gt_2^2}{2} \\ \tan\varphi_2 = \dfrac{gt_2}{v_2} \end{cases}$$

可得 $\tan\varphi_2 = 2\tan\theta$。

故 $\tan\varphi_2 = 2\tan\theta$，因为 φ_1，φ_2 均小于 $90°$，有 $\varphi_1 = \varphi_2$。说明小球两次落在斜面上时的速度方向相同。

再回到原来的数学问题上，运用类比法可知抛物线 $x^2 = -2p_1 y$ 和 $x^2 = -2p_2 y$ 与直线 $y = kx$ 的交点处的切线方向，即斜面上平抛小球落点速度的方向，因此抛物线与定直线在交点处的切线方向平行。证毕。

第三节　圆周运动及其应用

1. **解**　如图 $7-3-1$ 所示，y_2 与 y_3 只有一个交点，由例 1 得

$$S_1 = \sin\frac{\pi}{2} = 1 \, , \quad S_2 = \frac{BE \cdot BC}{2} = \frac{1}{2} \, 。$$

所以，$S = S_{ABCD} - S_1 - S_2 = \frac{\pi}{2} - 1 - \frac{1}{2} = \frac{\pi - 3}{2}$。

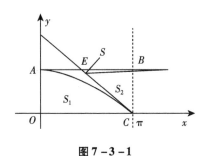

图 $7-3-1$

第四节　相对运动及其应用

1. **解**　选取公共汽车为参考系（公共汽车相对于人静止不动），由相对运动关系得 $\overrightarrow{v_{人车}} = \overrightarrow{v_{人地}} - \overrightarrow{v_{车地}}$。根据矢量关系作图，如图 $7-4-1$ 所示（$\overrightarrow{v_{人车}}$ 方向由 a 指向 b）。

当 $\overrightarrow{v_{人地}}$ 垂直于 $\overrightarrow{v_{人车}}$ 时，$\overrightarrow{v_{人地}}$ 最小。

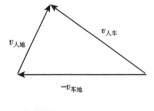

图 $7-4-1$

由几何知识得 $\dfrac{50}{250}=\dfrac{\overrightarrow{v_{人地}}}{10}$，所以人的最小速度为 $2\mathrm{m/s}$。

2. **分析** 此题可利用直线参数方程的物理意义来解。

解 如图 $7-4-2$ 建立坐标系，设经过 t 小时台风中心移至 B'，则由直线参数方程的物理意义得

$$B'\,(300+40t\cos135°,\ 40t\sin35°)$$

即 $(300-20\sqrt{2}t,\ 20\sqrt{2}t)$。由 $|AB'|\leqslant250$，得

$$16t^2-120\sqrt{2}t+275\leqslant0,$$

解得 $\dfrac{15\sqrt{2}-5\sqrt{7}}{4}\leqslant t\leqslant\dfrac{15\sqrt{2}+5\sqrt{7}}{4}$，即 $2.0\leqslant t\leqslant8.6$。故大约经过 2 小时台风开始影响 A 市，持续时间为 6.6 小时。

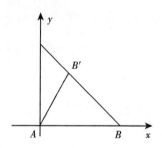

图 $7-4-2$

第八章　光学原理在数学中的应用

第二节　平面镜成像原理及其应用（一）

1. **解**　把函数变形为 $f(x) = \sqrt{(x-2)^2 + (0-3)^2} + \sqrt{(x-1)^2 + (0-2)^2}$，这样函数的几何意义为动点 $C(x, 0)$ 到定点 $A(2, 3)$ 和到定点 $B(1, 2)$ 距离之和。设想 x 轴为平面镜，则 B 的像点 B_1 的坐标为 $(1, -2)$。根据平面镜成像的特征可知 $f(x)$ 的最小值为线段 B_1A 的长度，$B_1A = \sqrt{(1-2)^2 + (-2-3)^2} = \sqrt{26}$。

2. **解**　先将 P 以 AM 为镜面反射成像于 P_1，再将 P_1 以 AN 为镜面反射成像于 P_2，连 PP_2 交 AN 于 R，连 P_1R 交 AM 于 Q（图 8-2-1），则 Q，R 即为所求。

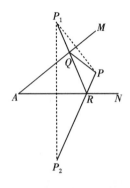

图 8-2-1

我们只须在 AM, AN 上另取两点 Q', R', 然后证明 $PR + RQ + QP \leqslant$ $PR' + R'Q + Q'P$ 即可（注意，两点间距离以直线段最短）。

3. **解** 先将 P 以 AB 为镜面反射成像于 P_1, 再将 P_1 以 BC 为镜面反射成像于 P_2 最后将 P_2 以 AC 为镜面反射成像于 P_3。

连 PP_3 交 AC 于 S, 连 SP_2 交 BC 于 R, 连 P_1R 交 AB 于 Q（图 8 - 2 - 2），则 Q, R, S 即为所求。证明略。

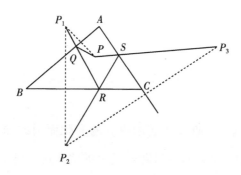

图 8 - 2 - 2

4. **解** 我们仍将图形以半椭圆的长轴为镜面反射成像，将此问题转化为：在椭圆 $\dfrac{x^2}{a^2} + \dfrac{y^2}{b^2} = 1$ 中，求面积最大的六边形。这在前面刚体变换中已讲过（见第五章第二节例 1），它的面积为 $\dfrac{3\sqrt{3}ab}{2}$, 故所求梯形面积的最大值为 $\dfrac{3\sqrt{3}ab}{4}$。

5. **解** 将正 $\triangle ABC$ 多次反射，可得到一个正六边形（图 8 - 2 - 3），这样的问题可转化为：在正六边形内求作一封闭曲线，使其将正六边形面积等分，且它的周长最短。

换句话说，就是求面积给定（正六边形面积的一半）且周长最小的封闭曲线，它显然是一个圆，且圆的半径为三角形边长的 $\dfrac{\sqrt{2}}{2}$。

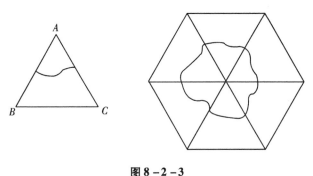

图8-2-3

第三节　平面镜成像原理及其应用（二）

1. **分析**　本题的难点在于找出由 θ 的变化而引起的入射点位置的变化，这二者之间的关系若通过列出 x^4 与 θ 的关系式找出，较为复杂。我们可以把长方形的四条边当作平面镜，运用光学性质简化解题过程，使问题迎刃而解。

解　方法同问题 1，本题中 $a = 2$，$b = 1$。当 $1 < x_4 < 2$ 时，$\dfrac{2}{5} < \tan\theta$ $\dfrac{1}{2}$，故选项 C 正确。同样可得，当 $0 < x_4 < 1$ 时，$\tan\theta\left(\dfrac{1}{2}, \dfrac{2}{3}\right)$。

2. **解**　注意到 $\dfrac{BF}{BE} = \dfrac{3}{4}$，所以由平面镜不断反射形成的大矩形的宽为 3 倍的正方形 ABCD 的边长，长为 4 倍的正方形 ABCD 边长，推导方法与问题 1 类似，请读者自己求解。选 B。

第四节　光的折射定律及其应用

1. **解**　如图 8-4-1 所示，设 x 轴为甲、乙两种媒介的分界面，x 轴

下方为甲媒介，上方为乙媒介。设点 A 关于 x 轴的对称点为 A'，光线在

甲、乙两种媒介中的传播速度分别为 $\frac{1}{2}$ 和 1，则 $2|AM| + |BM| = |A'M| +$

$|BM| = \dfrac{|A'M|}{\dfrac{1}{2}} + \dfrac{|BM|}{1}$，其可视为光线由 A' 到 M，再由 M 到 B 所需时间之

和，由费马原理知 $2|AM| + |BM|$ 的最小值可视为光线从 A' 传到 B 所

需时间。

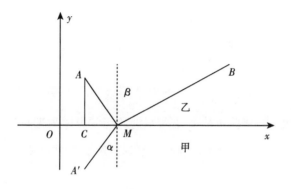

图 8 − 4 − 1

设入射角为 α，折射角为 β，由光的折射定律得 $\dfrac{\sin\alpha}{\sin\beta} = \dfrac{1}{2}$，设 A 点在 x

轴上的射影为 C，且 $CM = t$，则 $\dfrac{t}{\sqrt{t^2 + 2^2}} = \dfrac{1}{2} \cdot \dfrac{7 - t}{\sqrt{(7 - t)^2 + 3^2}}$，解得 t，即

当 M 在 $(2, 0)$ 处时，$2|AM| + |BM|$ 取得最小值。

2. **解** 因为马在草地上的速度比在沙地上的速度快，所以把沙地看成
光密介质，把草地看成光疏介质。如图 8 − 4 − 2 所示，骑兵走的路程如果
和光的折射路径相同，则能在最短时间内到达部队本部，则由光的折射定
律得

$\dfrac{\sin\alpha}{\sin\beta}=\dfrac{v^1}{v_2}=\dfrac{1}{2}$，又有 $\sin\alpha=\dfrac{x}{\sqrt{x^2+2^2}}$ $\sin\beta=\dfrac{y}{\sqrt{y^2+3^2}}$，$x+y=7$。

联立上述四式可得：$x=1$，$y=6$，即 $EM:MF=1:6$。由此我们即可确定由沙地进入草地的位置 M，从而可知骑兵所走的路线为 AMC。

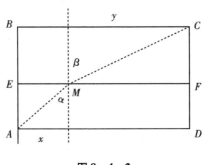

图 8 - 4 - 2

3. **解** 如果把该队员从 A 处到 B 处的运动类比为光的全反射现象的临界状态，如图 8 - 4 - 3 所示，则此队员到达船上的时间最少。

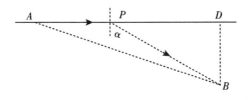

图 8 - 4 - 3

由光的折射定律得

$$\sin\alpha=\frac{v^1}{v_2}=\frac{1}{3}。\tag{1}$$

设 $PD=x$，由图可知 $\sin\alpha=\dfrac{x}{\sqrt{300^2+x^2}}$ $\tag{2}$

联立（1）（2）解得式 $x\approx106$。又 $AD=\sqrt{AB^2-BD^2}=400$，所以此队员应在距 A 点 294m 处下水。

第五节　圆锥曲线的光学性质

1. 证 假设 $\angle APF_1 \neq \angle BPF_2$，则在直线 AB 上必有一个异于 P 的点 Q，使 $\angle AQF_1 = \angle BQF_2$。于是由圆锥曲线的光学性质可知，从点 F_1 发出的光到达点 Q 被直线 AB 反射后，必定经过点 F_2。而从点 F_1 发出的光，经过直线 AB 反射到 F_2 走过的路程是最短的，故得：

$$QF_1 + QF_2 < PF_1 + PF_2 \qquad ①$$

另一方面，因为切线 AB 与椭圆只有一个公共点 P，故点 Q 必在椭圆外。设 QF_2 交椭圆于点 M，则由椭圆的定义有 $MF_1 + MF_2 = PF_1 + PF_2$，由此可得：

$$QF_1 + QF_2 = QF_1 + (QM + MF_2) = (QF_1 + QM) + MF_2 >$$
$$MF_1 + MF_2 = PF_1 + PF_2 \qquad ②$$

可看出①②两式互相矛盾，所以假设不成立，因而必有 $\angle APF_1 = \angle BPF_2$。

2. 证 如图 8-5-1 所示，设 F_1，F_2 到椭圆的任一条切线距离分别为 d_1，d_2，切点 P 到 F_1，F_2 的距离分别为 r_1，r_2，入射角和反射角为 θ，由椭圆的定义知 $r_1 + r_2 = 2a$①，在 $\triangle PF_1F_2$ 中，由余弦定理知

$$4c^2 = r_1^2 + r_2^2 - 2r_1r_2\cos2\theta = (r_1 + r_2)^2 - 2r_1r_2 - 2r_1r_2\cos2\theta = (r_1 + r_2)^2 - 4r_1r_2\cos^2\theta ②。由①②得$$

$$d_1 \cdot d_2 = r_1\cos\theta \cdot r_2\cos\theta = r_1 \cdot r_2\cos^2\theta = \frac{(r_1 + r_2)^2 - 4c^2}{4} = \frac{4(a^2 - c^2)}{4} =$$

b^2（定值）。证毕。

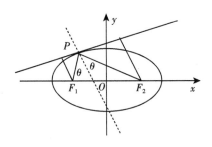

图 8 – 5 – 1

3. **解** 设光线方程为 $y = a$。由抛物线的光学性质知，光线 PQ 恰过焦点，则 $|PQ| = |PF| + |FQ|$，由 $y = a$，$y^2 = x$ 解得点 $P(a^2, a)$。建立直线 PQ 的方程 $y = \dfrac{4a}{4a^2 - 1}\left(x - \dfrac{1}{4}\right)$，与 $y^2 = x$ 联立解得交点 $Q\left(\dfrac{1}{16a^2}, -\dfrac{1}{4a}\right)$。

由抛物线的定义有 $|PQ| = |PF| + |FQ| = a^2 + \dfrac{1}{16a^2} + \dfrac{1}{2} \geqslant 2\sqrt{a^2 \cdot \dfrac{1}{16a^2}} + \dfrac{1}{2} = 1\left(\text{当且仅当 } a = \dfrac{1}{2} \text{时取等号}\right)$。此时当入射点 P 坐标为 $\left(\dfrac{1}{4}, \dfrac{1}{2}\right)$，反射点 Q 坐标为 $\left(\dfrac{1}{4}, -\dfrac{1}{2}\right)$ 时，路程 PQ 最短。这时 P、Q 恰好关于对称轴对称即 PQ 为通径。

4. **解** 利用椭圆的光学性质：由椭圆一个焦点发射的光线经椭圆反射后必经过另一个焦点。假定从 F_1 点发射一束光经椭圆反射，使反射线过 P 点 $(1, 1)$，由光的性质知光线反射点就是所求 M 点，而反射光线必经过另一个焦点 F_2，因右焦点为 $F_2(2, 0)$，所在直线为 $x + y - 2 = 0$。

由 $\begin{cases} \dfrac{x^2}{10} + \dfrac{y^2}{6} = 1 \\ x + y - 2 = 0 \end{cases}$，解得 $M\left(\dfrac{5 - 3\sqrt{5}}{4}, \dfrac{3 + 3\sqrt{5}}{4}\right)$。

5. **分析** 因为点 Q 在双曲线内，由双曲线光学性质及费马原理可得：从 F 射出被双曲线反射经过点 Q 的光线所经过的路程是最短的。

解 如图 $8-5-2$ 所示，作双曲线的左焦点 $E\ (-\sqrt{2},\ 0)$，连接 EQ，交 $x^2 - y^2 = 1$ 右支于点 P，由双曲线光学性质及费马原理得
$$(\ |FP| + |PQ|\ )_{\min} = -2a + |EP| + |PQ| = -2a + |EQ| = 2\sqrt{5} - 2 \text{。}$$

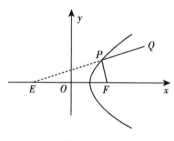

图 $8-5-2$

6. **分析** 由抛物线光学性质和由费马原理知，光线从 F 射出，在 P 反射经过点 Q 时，$|PF| + |PQ|$ 最短。

解 过 Q 作抛物线的准线的垂线，垂足为 $E\ (2,\ -1)$，交抛物线 C 于点 P（图 $8-5-3$），由抛物线的光学性质及费马原理得：
$$(\ |PF| + |PQ|\ )_{\min} = |PE| + |PQ| = |QE| = 5 \text{。}$$

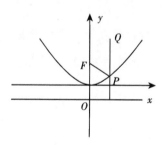

图 $8-5-3$

参 考 文 献

[1] 人民教育出版社课程教材研究所，中字数学课程教材研究开发中心．普通高中课程标准实验教科书 A 版［M］．北京：人民教育出版社，2012.

[2] 张雄，李得虎．数学方法论与解题研究［M］．北京：高等教育出版社，2004.

[3] 吴振奎．数学解题中的物理方法［M］．哈尔滨：哈尔滨工业大学出饭社，2011.

[4] 吴振奎．数学解题中的特殊方法［M］．哈尔滨：哈尔滨工业大学出版社，2011.

[5] 人民教育出版社课程教材研究所，中学物理课程教材研究开发中心．普通高中课程标准实验教科书 A 版［M］．北京：人民教育出版社，2012.